Python

サウンド・オーディオ
プログラミング

**MIDIと
WAVEサウンドの
プログラミング**

日向俊二●著

カットシステム

はじめに

　現代ではさまざまな場面でサウンドが使われています。音楽や作曲のアプリやゲームはもちろん、Web アプリや Web ブラウザに表示される一般的なサイトでもサウンドが使われることがよくあります。

　本書は、コンピューターにおけるサウンドの扱い方と、Python を使ったサウンドプログラミングのやさしい解説書です。

　第 1 章と第 2 章では、コンピューターで扱うサウンドと Python の基本的なことについて概説します。

　第 3 章から第 5 章では、標準化された規格である MIDI を活用するサウンドプログラミングについて解説します。

　第 6 章と第 7 章では、任意の波形のオーディオを生成する Waveform オーディオプログラミングについて説明します。

　本書ではプログラミング言語として Python を使います。Python は豊富なライブラリを比較的容易に使えるプログラミング言語です。また、プログラミングの初心者でも読み進めるように配慮してあります。

本書の表記

> Windows のコマンドプロンプトを表します。

$ Linux や WSL など UNIX 系 OS のコマンドプロンプトを表します。

>>> Python のインタラクティブシェル（インタープリタ）のプロンプト（一次プロンプトともいう）を表します。Python のインタラクティブシェルでの実行例で「>>>」が記載されていても、それは入力しません。

... Python のインタラクティブシェル（インタープリタ）の行の継続を表します。Python のインタラクティブシェルでの実行例で「...」が掲載されていても、それは入力しません。

() ひとまとまりの実行可能なコードブロックである関数であることを示します。たとえば、main という関数を表すときに、「main という名前の関数」や「関数 main()」と表記しないで、単に「main()」と表記することがあります。

abc 斜体で表す部分は、そこに具体的な文字や数値、変数、式などが入ることを表します。たとえば「Python *m.n*」は、*m* や *n* に具体的な値が入ること、例えば「Python 3.11」などとなることを表します。

abc 太字で表す部分は、ユーザー（プログラマ）が入力する式や値などであることを表します。

0x*n* 0x で始まる表記は 16 進数表現の整数であることを表します。たとえば、0x41 は 10 進数で 65 であることを表します。この表記は主に Python のプログラムの中で使います。

*nm*H 数値の最後に H が付く数は 16 進数表現であることを表します。たとえば、41H は 10 進数で 65 であることを表します。この表記は主に値を説明するときに使います。

0b*n* 0b で始まる表記は 2 進数表現の整数であることを表します。たとえば、0b111 は 10 進数で 7 であることを表します。

X キーボードのキーを押すことを示します。たとえば、F5 は「F5」キーを押すことを意味します。

S + X キーボードの「S」キーを押したまま「X」キー押すことを示します。Ctrl + F5 は、「Ctrl」キーを押したまま「F5」キーを押すことを意味します。

Note 本文を補足するような説明や、知っておくとよい話題です。

ご注意

- 本書の内容は本書執筆時の状態で記述しています。Python やプログラムが使用するモジュールのバージョンによっては本書の記述と実際とが異なる結果となる可能性があります。
- 本書は、Python、サウンド、オーディオ、MIDI などについてすべてを完全に解説するものではありません。必要に応じて他のリソースを参照してください。
- 本書のサンプルは、プログラミングを理解するために掲載するものです。実用的なプログラムとして提供するものではありませんので、ユーザーのエラーへの対処やセキュリティー、その他の面で省略してあるところがあります。
- 音が鳴るプログラムを実行する際には、音量にご注意ください。

プログラムの実行を確認した環境

Python 3.11.3、pygame 2.5.0、PyAudio 0.2.13

本書に関するお問い合わせについて

本書に関するお問い合わせは、sales@cutt.co.jp にメールでご連絡ください。

なお、お問い合わせは本書に記述されている範囲に限らせていただきます。特定の環境や特定の目的に対するお問い合わせ等にはお答えできませんので、あらかじめご了承ください。特に、特定の環境における特定の開発ツールのインストールや設定、使い方、読者固有の環境におけるエラーなどについてご質問いただいてもお答えできませんのでご了承ください。

お問い合わせの際には下記事項を明記してくださいますようお願いいたします。

- 氏名
- 連絡先メールアドレス
- 書名
- 記載ページ
- お問い合わせ内容
- 実行環境

目次

第 4 章　Mido　　　　　　　　　　　　　　　　　51

第 5 章　SMF　　　　　　　　　　　　　　　　　69

第 6 章　Waveform オーディオ　　　83

第 7 章　Waveform ファイル　　　113

第 1 章

コンピューターとサウンド

この章では、サウンドの実体についてと、コンピューターで扱う代表的なサウンドの種類について概説します。

1.1 音について

コンピューターでは、短い警告音から長大な音楽までさまざまな音を扱います。

1.1.1 音

音の実体は空気の振動です。音は空気中を疎密波として伝わります。疎密波は、空気の疎らなところと、密なところが繰り返し存在する波です。

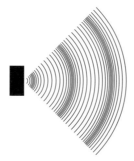

図 1.1 ● 音が伝搬するイメージ

疎と密を繰り返す頻度が多ければ高い音になり、繰り返す頻度が少なければ低い音になります。また、空気の圧力が大きければ音は大きく、小さければ音は小さくなります。

1.1.2 音の波

音は粗密波として伝わりますが、この音の波は縦波です。そのため、距離に応じて振動の頻度が変化します。疎であったり密である空気の振動が拡散してゆくといっても良いでしょう。

しかし、これはイメージしにくいので、慣用的に音の波は、振動した強さ（縦軸）と時間（横軸）の関係を表した図 1.2 のようなものとして表します。

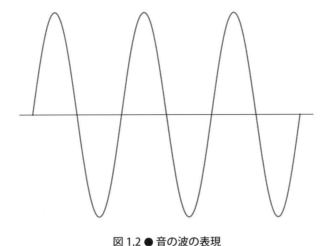

図 1.2 ● 音の波の表現

　このように表現したときには、一定の時間間隔の中で振動を繰り返す頻度（周波数）が多ければ高い音になり、繰り返す頻度が少なければ低い音になります。また、波の大きさ（振幅）が大きければ音は大きく、小さければ音は小さくなります。

1.1.3　音の性質と波形

　図 1.2 では、音の波形としてサイン（sin）のグラフに似た一定の規則で順次変化する波を示しました。このように振動する波をサイン波と言います。サイン波は単純な響きの音として耳に聴こえます。

　人の声や物音、楽器の音など、普段耳にするさまざまな音は、さらに複雑な波形であるのが普通です。

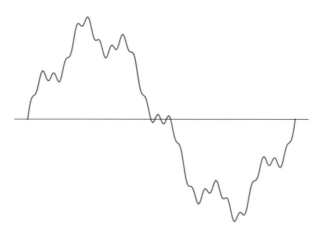

図 1.3 ● 複雑な波形の例

　一般に、波形がシンプルであれば澄んだ音に聞こえ、波形が複雑になればなるほど豊かな響きの音と感じます。たとえば音叉の音色の波形は比較的単純で澄んだ音色に聴こえ、一方、クラリネットやオーボエの音色の波形は複雑で豊かな響きに聴こえます。

　また、単純な波形に倍音を重ねると複雑な波形になります（後の章で実際の例をみます）。

1.1.4　倍音と音色

　多くの音には、基礎となる周波数に加えて、周波数が基礎となる周波数の 2 倍の音、3 倍の音など、基礎となる周波数の倍数の音が含まれています。整数倍のこのような音を倍音といいます。さまざまな倍音を複雑に重ね合わせると、音の響きも複雑になります。

　倍音を含まない単純な波形の音は純音と呼びます。

1.1.5　アナログとデジタル

　一般に、音は図 1.2 や図 1.3 に示したように滑らかな曲線を描くように変化する波として表現することができます。言い換えると、音の波は一般的にはアナログです。

> **Note**　ただし、第 6 章で示す矩形波やノコギリ波のように、滑らかな曲線のようには変化しない波も存在します。

　一方、コンピュータなど電子機器が扱う値はデジタルです。そこで、コンピュータなど電子機器で音を扱うときには、アナログの波形をデジタルに変換します。デジタルに変換する一般

的な方法は、波を非常に短い時間で区切って、区切った個々の大きさを数値にして表現する方法です。図 1.4 で、破線はアナログの波形であり、短い時間で区切った個々の値から構成される、連続する棒グラフのような表現がデジタルの音の表現です。

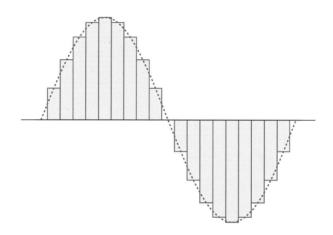

図 1.4 ● アナログ波形のデジタル化

　本書では、以降、音の波を表現するときに、原則的には音の波はアナログであるかのように表現しますが、本書はプログラミングについての書籍なので、実際にコンピューターが扱う波はデジタルの波になります。

1.1.6　オーディオとサウンド

　コンピューターやそのほかの電子機器で扱う音を表現するひとつの方法は、上記のようにデジタル化した波形で表す方法です。このような波形（Waveform）で表す音を Waveform オーディオといいます。

　Waveform オーディオでは、音はデジタル化した波形で表されますが、一曲の音楽のような音のすべてをデジタル化した波形で表現すると、データの量がとても大きくなってしまいます。たとえば、4 分ほどの曲を Waveform オーディオデータにすると、40 MB 程度になるでしょう（具体的なサイズは曲の内容によって異なります）。圧縮という技術を使ってデータを減らしても 4 MB ぐらいは必要になります。

　コンピューターやそのほかの電子機器で音を扱う方法には、ほかの方法もあります。

　鳴らす音をいくつかの情報（音色、音の高さ、音の大きさなど）で指定するとオーディオを鳴らせるデバイスを用意しておいて、そのデバイスに鳴らす音の情報を送ると希望する音を

鳴らせるようにすれば、保存したりデバイスに送るデータ量はとても少なくなります。このような目的で標準化されたインターフェースの仕様として MIDI（Musical Instrument Digital Interface）があります。このような音を MIDI サウンドということがあります。

　音を扱うプログラミングでは、オーディオとサウンドという 2 種類の言葉を良く使います。オーディオ（audio）は音のうち可聴周波のという意味を持ち、そのような音を扱う装置のことを指すこともあり、一方、サウンド（sound）は音や音響を表しますが、いずれもコンピューターでは音を扱うときに使われます。

　本書では、第 3 章から第 5 章で MIDI サウンドについて、第 6 章と第 7 章で Waveform オーディオのプログラミングについて解説します。

1.2　MIDI サウンド

　MIDI は、MIDI インターフェースを備えた楽器や音源、ミュージックシーケンサーなどを制御するため標準インターフェースです。

1.2.1　MIDI

　MIDI（Musical Instrument Digital Interface）は、MIDI インターフェースと呼ぶ標準化されたインターフェースを備えた楽器や音源、ミュージックシーケンサーなどを制御するため標準インターフェースです。MIDI サウンドのデータの実体は、MIDI のイベントやその他の制御情報のシーケンス（メッセージが連続したもの）です。

　MIDI のイベントメッセージには、たとえば、「中央ドの音を 60 の強さでチャンネル 0 番の音色で鳴らす」とか、「現在鳴っている音をすべて止める」など、一般に人間が楽器などを操作して音楽を表現する際に行う出来事（イベント）のメッセージがあります。また、「鳴らす楽器の種類を変える」、「テンポの基準を変える」などの制御情報も MIDI のメッセージに含まれます。

　サウンドとしての MIDI は、このような MIDI のメッセージのシーケンスを記録したデータであるということもできます。

　MIDI サウンドのプログラムは、PC やその他の制御装置と MIDI デバイスとの間で MIDI メッセージをやり取りすることでサウンドを鳴らしたり、サウンドの情報を装置が受け取れるようにします。

Note　MIDI も 1.3 節で紹介する WAV（または WAVE）も、使われる状況やコミュニティーなどによって定義や表現はさまざまです。

1.2.2　MIDI デバイス

　MIDI という規格に従って音を鳴らすための情報を送るとオーディオを鳴らせるデバイスをMIDI デバイスといいます。また、MIDI デバイスの中には MIDI キーボードのように PC やその他の制御装置に MIDI データを送ることができるものもあります。

　ハードウェアの MIDI デバイスには音源やハードウェアシーケンサーと呼ばれる音を鳴らす機器のほかに、MIDI を使って照明などを制御する装置なども含まれます。ハードウェアのMIDI デバイスにプログラムがアクセスするためには、通常、接続状態に対応したデバイスドライバが必要です（OS のような基本ソフトウェアがサポートしている場合もあります）。

　プログラミングの観点からは、MIDI デバイスは、必ずしもハードウェアではなく、MIDI の情報を送受できるようにしたソフトウェアも含まれます。

　ソフトウェアの MIDI デバイスとして一般に良く使われるものは、MIDI で送られた情報をもとにして適切な音を生成して再生するミュージックシーケンサー（Music Sequencer）で、ソフトウェア音源ともいいます。

　一般的に言って、ハードウェアの MIDI 出力デバイスはサウンドの質が高いうえに、PC などの制御装置は MIDI メッセージを送受するだけでよいので制御装置のリソース（CPU やメモリ）をあまり消費しません。一方、ソフトウェアの MIDI 出力デバイスはサウンドの質が低い傾向があるうえに PC などの制御装置のリソースを多く消費するという問題もあります。

1.2.3　MIDI メッセージ

　すでに説明したように、MIDI サウンドのデータの実体は、MIDI のイベントなどのメッセージのシーケンス（連続したもの）です。

　MIDI の情報は、プログラムと MIDI デバイスの間でメッセージとして送受されます。

　最も基本的な使い方は、プログラムから MIDI 出力デバイスに MIDI メッセージを送って音を鳴らすことと、MIDI キーボードのような MIDI 入力デバイスから MIDI 情報を送ってプログラムがその情報を受け取ってなんらかの処理を行うということです。

1.2.4　MIDI メッセージの実体

　MIDI サウンドのデータの実体は、MIDI のイベントやその他の情報のシーケンスなので、MIDI デバイスを直接制御したいときには、MIDI メッセージをバイト列として MIDI デバイスに送ります。

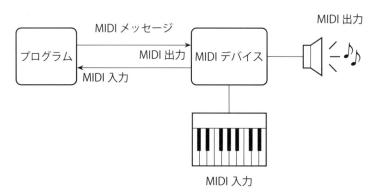

図 1.5 ● MIDI デバイスと MIDI メッセージ

たとえば、音の高さを表すノートナンバーが n の音をチャンネル c で v の強さで鳴らしたいとします。そのときには次の一連のバイトを MIDI 出力デバイスに送ります。

```
9cH, n, v
```

最初の 9c の 9 はノートオン（発音）を表します（H は 16 進数であることを表します）。c はチャンネル、n はノートナンバー、v は音の強さを表します。

1.2.5　ノートナンバー

音の高さを表すノートナンバーは C-1〜G9 までの音を 0〜127 までの数値で表し、全体では図 1.6 のように決まっています（音の呼び方はメーカーによっては異なる場合があります）。

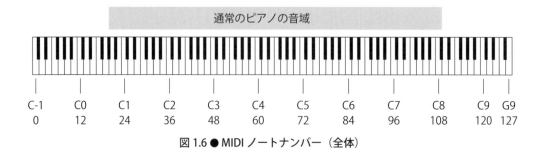

図 1.6 ● MIDI ノートナンバー（全体）

半音を含むオクターブの音は図 1.7 のようになります。

音（英語）	音	ノートナンバー
E5	ミ	76
D ♯ 5	レ♯	75
D5	レ	74
C ♯ 5	ド♯	73
C5	ド	72
B4	シ	71
B♭4	シ♭	70
A4	ラ	69
G ♯ 4	ソ♯	68
G4	ソ	67
F ♯ 4	ファ♯	66
F4	ファ	65
E4	ミ	64
D ♯ 4	レ♯	63
D4	レ	62
C ♯ 4	ド♯	61
C4	ド	60

図 1.7 ● MIDI ノートナンバー（オクターブ）

　ノートナンバーを指定して再生される音は、楽器が音階のある楽器である場合、通常は A ＝ 440 Hz 平均律の音です。鍵盤打楽器以外の打楽器の場合は特定の打楽器の音が鳴ります（例は後の章で示します）。

Note 平均律から外れた高さの音を鳴らすには、あとで紹介するピッチベンドを使います。打楽器の音は一般的には GM 音源と呼ばれる音源の音が基準となります。

　たとえば、中央ド（C、ノートナンバー 60）の音をチャンネル 0 で 127（16 進数で 7F）の強さで鳴らしたいときには次のバイトを送ります。

```
90H, 60, 7FH
```

　実際にコンピュータで単に MIDI サウンドを鳴らして止めたいときには、ノートオンコマンドで音を鳴らした後に、音を止めたいときにノートオフコマンドのメッセージをデバイスに送ります。

> **Note** ノートオンやノートオフなどの短いメッセージを特にショートメッセージと呼ぶことがあ
> ります。ショートメッセージのほかにより長いメッセージもあります。さまざまな MIDI
> メッセージについては、第3章で説明します。

1.2.6　デルタタイム

　デルタタイムは、前のイベントからそのイベントまでの時間を表します。デルタタイムはこ
の後で説明する可変長の数値で表します。

　リアルタイムで MIDI デバイスと制御装置の間でデータを送受する場合には、デルタタイム
は事実上無視されることがあります。

1.2.7　可変長表現

　状況によって、数値がゼロや一桁の数値であったり、100000 を超えるような大きな数値で
ある場合があります。このようなときに固定長で表現すると、たとえば4バイトなら1を表現
するために「00 00 00 01」と表現しなければならず、3バイトは無駄に長い情報であるとい
えます。そこで、数値が小さいとき（127 以下）には1バイトで表現し、それ以上の場合はよ
り長いバイト数で表現する方法を数値の可変長表現といいます。

　数値の可変長表現は1バイトの最上位ビットを除く7ビットを数値を表現するのに利用し、
最上位ビットは次のバイトもデータバイトである場合に1にします。

　たとえば、デルタタイムが2バイトで「8f 00」であるとすると、8FHは2進数で「10001111」
なので、これは値が 0b1111（10 進数で 15）で次のビットもデータバイトであることを表し
ます。つまり、デルタタイムの値は「0F00」になります。

1.2.8　GM

　MIDI は、インターフェースやメッセージについて規定されていますが、どのような情報を
送るとどのような音が鳴るのか（あるいはどのように制御されるのか）という点は具体的に定
めていません。そのため、接続した MIDI デバイスによってなる音の種類が変わってしまいま
す。たとえば、トランペットの音を鳴らそうとしているのに、特定の MIDI デバイスではトラ
ンペット以外の音が鳴ってしまうことがあります。

　基本的な音色マップとコントロールチェンジなどを規定した MIDI の統一規格として General
MIDI があり、広く使われています。General MIDI は通常 GM と省略して表記し、たとえば GM
音源というような使い方をします。本書の後の章のプログラムは、GM に準拠した音源（GM 音
源）で音を鳴らすことを前提としています。

1.2.9 標準 MIDI ファイル

MIDI の情報をファイルに保存するときには、通常、標準化された MIDI ファイル形式である標準 MIDI ファイル（Standard MIDI File; SMF）として保存します。

SMF のフォーマットには SMF0、SMF1、SMF2 の 3 種類があります。

- SMF0（Format 0）は、すべてのチャンネルのデータを 1 トラックにすべて保存する形式です。
- SMF1（Format 1）は、チャンネルデータを複数のトラックに保存する形式です。
- SMF2（Format 2）は、チャンネルデータを複数のトラックに保存し、複数曲または複数のシーケンスパターンを 1 ファイルに収めることができる形式です。

通常使われるのは SMF0 か SMF1 のいずれかです。

SMF についてより詳しいことは第 5 章で説明します。

1.3 Waveform オーディオ

Waveform オーディオはアナログ波形をデジタル化した情報です。

1.3.1 オーディオの形式

音楽や音声などのアナログを、アナログ−デジタル変換によってデジタルに変換することで作成されるオーディオが一般に Waveform オーディオと呼ばれるものです。代表的なものとして、Windows で良く使われる WAV 形式があります（WAVE とも呼びます）。

Windows の Waveform オーディオは RIFF Waveform Audio Format という形式で保存されます。そのうちデータを圧縮していないものを一般に WAV または WAVE といい、この形式のファイルは拡張子を .wav にします。また、このファイルを WAV ファイルまたは WAVE ファイルと呼ぶことがあります。

Waveform オーディオのデータを非可逆圧縮した形式のひとつが MP3 です。圧縮することによってデータ量が大幅に少なくなりますが、Wave を MP3 に変換すると情報の一部が失われるので、変換された MP3 形式を再び WAV 形式に変換しても元の WAV 形式のデータと同じにはなりません。MP3 のファイルの拡張子は .mp3 です。

圧縮されたオーディオ形式には、ほかに Windows Media Audio（WMA）や AIFF（Audio Interchange File Format）などがあります。

Note より詳しくいうと、これらのオーディオの形式は、保存形式や圧縮形式などの組み合わせです。各形式の正確な定義はそれぞれの仕様書を参照してください。

1.3.2　オーディオの生成と合成

　プログラムで任意の Waveform オーディオを生成することができます。Waveform オーディオを生成するには、希望する周波数、波形、振幅の波のデータを作り、ストリームとして出力に送ります。複数の波形を合成することもできます。

　Waveform オーディオの生成や合成については第 6 章と第 7 章で詳しく取り上げます。

第 2 章

Python の基礎

この章では、本書で使うプログラミング言語である Python の実行方法についてその概要を説明します。この章では簡単なプログラムの実行のしかたを学びますが、Python のプログラムの実行方法について良く知っている場合は、この章は飛ばして第 3 章に進んでもかまいません。

2.1 Python との対話

Python のプログラムの主な実行方法には、2 種類あります。ひとつは、Python のインタラクティブシェル（対話型インタープリタ）を使って実行する方法です。もうひとつは、Python のプログラムファイル（スクリプトファイル）を作成して実行する方法です。ここでは簡単なプログラムの実行のしかたを学びます。

2.1.1　インタラクティブシェル

最初に、インタラクティブな方法（対話的方法）で Python を使い始めるために必要なことを説明します。

Python のインタラクティブシェルを起動して、Python を起動して確かめてみましょう。

Python が起動すると、Python のメッセージと一次プロンプトと呼ばれる「>>>」が表示されます。これが Python のインタラクティブシェルのプロンプトです。

```
>python
Python 3.11.1 (tags/v3.11.1:a7a450f, Dec 6 2022, 19:58:39) [MSC v.1934 64 bit (AMD
64)] on win32
Type "help", "copyright", "credits" or "license" for more information.
>>>
```

これは Windows で Python 3.11.1 場合の例です。表示されるバージョン番号やそのあとの情報（Python をコンパイルしたコンパイラやプラットフォームの名前など）は、この例と違っていても構いません。

Linux なら、たとえば次のように表示されることがあります。

```
$ python3
Python 3.10.6 (main, Mar 10 2023, 10:55:28) [GCC 11.3.0] on linux
Type "help", "copyright", "credits" or "license" for more information.
>>>
```

いずれにしても、「Type "help", "copyright", "credits" or "license" for more information.」を含む Python のメッセージと Python のインタラクティブシェルのプロンプト「>>>」が表示されれば、インタラクティブシェルが起動したことがわかります。

インタープリタは「解釈して実行するもの」という意味、インタラクティブシェルは「対話

型でユーザーからの入力を受け付けて結果や情報を表示するもの」という意味があります。

2.1.2　プロンプト

　Pythonのインタラクティブシェルのプロンプト「>>>」が表示されている環境では、入力された Python の命令や式などを Python のインタープリタが 1 行ずつ読み込んで、その結果を必要に応じて出力します。言い換えると、「>>>」に対して、ユーザー（Python のユーザーはプログラムを実行する人）からの命令や計算式の入力を受け付けます。このプロンプトに対して命令や計算式などを入力することで後で説明するようなさまざまなことを行うことができます。

> **Note**　Python を使っているときには、OS（コマンドウィンドウ、ターミナルウィンドウなど）のプロンプトである「>」や「#」、「$」などと、Python のインタラクティブシェルを起動すると表示されるインタラクティブシェルのプロンプト「>>>」を使います。この 2 種類のプロンプトは役割が異なるので区別してください。

2.1.3　単純な加算

　Python のインタラクティブシェルに慣れるために、最初に Python で計算をしてみましょう。Python のプロンプト「>>>」に対して、2+3 Enter と入力してみます。

```
>>> 2+3
5
>>>
```

　上に示したように、2＋3の結果である 5 が表示されたあとで、新しいプロンプト（>>>）が表示されるはずです（以降の例では、結果の後に表示される「>>>」は省略します）。

> **Note**　Web ブラウザや IDE のようなツールを使ってプログラムを実行するときには、プログラムコードを入力するための入力フィールドにコードを入力して、プログラムを実行するためのメニューコマンドやボタンをクリックします。なお、Web ブラウザや IDE を使う実行環境で実行するときには、print(2+3) のように print() を使わないと結果が出力されない場合があります。

　引き算や掛け算、割り算を行うこともできます。引き算の記号は「−」（マイナス）ですが、掛け算の記号は数学と違って「*」（アスタリスク）、割り算の記号は「/」（スラッシュ）です。
　たとえば、6 × 7 − 5 を実行すると次のようになります。

```
>>> 6*7-5
37
```

もっと複雑な式も、もちろん計算できます。次の例は、$123.45 \times (2 + 7.5) - 12.5 \div 3$ の計算例です。

```
>>> 123.45*(2+7.5)-12.5/3
1168.6083333333333
```

Python のインタラクティブシェルを終了するときには、プロンプトに対して exit() または quit() を入力します。

```
>>> exit()
```

または

```
>>> quit()
```

プログラムが無限ループに入るなどして exit() または quit() を入力しても終了できないときには、Windows では Ctrl + Z 、 Enter を実行してみてください。Linux のような UNIX 系 OS では Ctrl + D を実行してみてください。

2.1.4 print() を使った出力

電卓のように式の値を計算して表示したり、文字列をそのまま表示するのではなく、「プログラムコードを実行した」と感じられることをやってみましょう。

値を出力するために、Python には print() が定義されています。

ここでは「Hello, Python!」と出力するプログラムコード「print ('Hello, Python!')」を実行してみましょう。プログラムの意味はあとで考えることにします。

```
>>> print ('Hello, Python!')
Hello, Python!
```

入力したプログラムコードは「print ('Hello, Python!')」です。次の行の「Hello, Python!」は、プログラムコードを実行した結果として Python のインタラクティブシェルが

出力した情報です。

「print（'Hello, Python!'）」の print は、そのあとのかっこ（）の中の内容を出力する命令です。

ここで出力する内容は「Hello, Python!」なのですが、これを文字列であるとインタラクティブシェルに知らせるために、「'」（シングルクォーテーション）で囲みます。「'」の代わりに文字列を「"」（ダブルクォーテーション）で囲っても構いません。

```
>>> print ("Hello, Python!")
Hello, Python!
```

同じようにして、計算式の結果を出力することもできます。

```
>>> print (2*3+4*5)
26
```

今度は文字列ではなく式を計算した結果である数値を出力したので、かっこ（）の中を「'」や「"」で囲っていないことに注意してください。

print() を使う場合と使わない場合で結果がまったく同じであるわけではありません。単に「'Hello, Python!'」を実行すると「'Hello, Python!'」とクォーテーションで囲まれている文字列が出力され、「print （'Hello, Python!'）」を実行すると「Hello, Python!」とクォーテーションで囲まれていない文字列だけが出力されます。

```
>>> 'Hello, Python!'
'Hello, Python!'

>>> print ('Hello, Python!')
Hello, Python!
```

クォーテーションは、出力された値が文字列であることを表しています。

インタラクティブシェルで Python のプロンプト「>>>」に対してコードを入力して実行する方法には次のような特徴があります。

- 短いコードを手軽に実行するときに適しています。
- プログラムをプロンプト「>>>」に対して入力するごとに結果やエラーなどが表示されます。
- 途中経過を容易に見ることができます。

2.1.5　行継続文字

Python のインタラクティブシェルで長いコードを 2 行以上に分けて入力するときには、次の行へ続くために改行する前に、行継続文字「¥」（環境によってはバックスラッシュ「\」）を記述します。

次の例は長い式の例です（式に意味はありません）。

```
>>> x = 3.1415 * 2.3 * 2.3 + 123.45 * 4.1235 - 2563 * 1.2345 + 2.35654
```

Python のインタラクティブシェルでこれを 2 行に分けて入力したいときには、次のようにします。

```
>>> x = 3.1415 * 2.3 * 2.3 + 123.45 * 4.1235 ¥
- 2563 * 1.2345 + 2.35654
```

もし改行のところに「¥」を入れるのを忘れると次のようなエラーになります。

```
>>> x = 3.1415 * 2.3 * 2.3 + 123.45 * 4.1235
>>>   - 2563 * 1.2345 + 2.35654
File "<stdin>", line 1

- 2563 * 1.2345 + 2.35654

IndentationError: unexpected indent
```

これは「- 2563 * 1.2345 + 2.35654」が独立したコード行がインデントされて入力されたと誤って解釈されたためにエラーとして報告された例です。

Note　2.2 節で説明するスクリプトファイルとしてプログラムを作成して実行する場合は、長い行を改行するときに「¥」を使う必要はありません。

次に進む前に、Python のインタラクティブシェルをいったん終了して OS のコマンドプロンプトに戻ります。インタラクティブシェルをいったん終了するには、「>>>」に対して exit() または quit() を入力します。

2.2　スクリプトファイル

　Python のプログラムは、インタープリタでコード行を入力して実行するほかに、プログラムコードをファイルに保存しておいて、いつでもファイルの中のコードを実行することができます。

2.2.1　ファイルの作成

　「print ('Hello, Python!')」という 1 行だけのプログラムのファイル（スクリプトファイル）を作成して保存してみましょう。

```
print ('Hello, Python!')
```

　テキストエディタ（Windows のメモ帳や Linux の gedit など、好きなエディタ）で、「print ('Hello, Python!')」と 1 行入力します。

図 2.1 ● Windows のメモ帳で編集した例

図 2.2 ● gedit で編集した例

> **Note**　ここでは初心者にもわかりやすいように Windows のメモ帳や gedit の例を示しましたが、ほかの高機能エディタを使ってもかまいません。

2.2.2　ファイルの保存

エディタでコードを入力したら、これを hello.py というファイル名で保存します。こうしてできたファイルが Python のプログラムファイルであり、スクリプトファイルともいいます。

> **Note**　Windows のようなデフォルトではファイル拡張子が表示されないシステムの場合、ファイルの拡張子が表示されるように設定してください。また、自動的に txt のような拡張子が付けられるエディタでは、hello.txt や hello.py.txt というファイル名にならないように注意する必要があります。

ファイルを保存する場所には注意を払う必要があります。

あとで .py ファイルを容易に（パスを指定しないで）実行できるようにするには、適切なディレクトリを用意してからそこに保存するとよいでしょう。

Windows の場合、たとえば、c:¥sounds¥ch02 に保存しておきます。

Linux など UNIX 系 OS なら、たとえば、ユーザーのホームディレクトリの中に sounds/ch01 というディレクトリを作ってそこに保存します。

2.2.3　スクリプトの実行

次に、作成したスクリプト（Python のプログラムファイル）を実行してみます。

まず、端末（コマンドプロンプトウィンドウや Windows PowerShell、コンソール、ターミナルともいう）を開き、OS のプロンプト（>、$、% など）が表示されているようにします。

スクリプトファイルを sounds¥ch01 に保存したのであれば、コマンドラインで「cd sounds¥ch01」を実行してカレントディレクトリを変更して、パスを指定しないでスクリプトファイルを実行できるようにします。そして、端末のプロンプトに対して「python hello.py」と入力します。

> **Note**　「python hello.py」の python の部分は、インストールされている Python の種類によって python3、py、python3.10 など適切な名前に変えます。

プログラムが実行されて、次のように結果の文字列「Hello, Python!」が表示されるはずです。

```
>python hello.py
Hello, Python!
```

もし Python のスクリプトファイルのパスを指定して実行するなら、たとえば次のようにし

ます。

```
>python sounds¥ch02¥hello.py
Hello, Python!
```

　なお、スクリプトファイルを実行するときには、print() を使わないと何も出力されません。たとえば、次のような内容のファイルを作って実行しても何も起きません。

```
'Hello, Python!'
```

　これは、「>>>」というプロンプトに対してコードを実行するインタラクティブシェルの場合は、コードが実行されるたびにその値が出力（表示）されるのに対して、スクリプトファイルの実行では print() を使うなどして明示的に出力することを命令しないと値が出力されないからです。

　数値計算などでも同じです。次のような式を含むスクリプトファイルを作成して実行すると、結果として 5 が出力されます。

```
print(2+3)
```

　これに対して、次のような内容のスクリプトファイルを作成して実行しても何も表示されません。

```
2+3
```

2.3　実行方法の比較

　ここでは、Python のインタラクティブシェルでコードを実行する方法と、スクリプトファイルのコードを実行する方法を比較します。

2.3.1　インタラクティブシェル

　すでに示したように、インタラクティブシェルで Python のプロンプト「>>>」に対してコードを入力して実行する方法には次のような特徴があります。

- 短いコードを手軽に実行するときに適しています。
- プログラムをプロンプト「>>>」に対して入力するごとに結果やエラーなどが表示されます。
- 途中経過を容易に見ることができます。

2.3.2 スクリプトファイル

　Python のプログラムコードをファイルに記述して、ファイルのコードを実行する方法には次のような特徴があります。

- 比較的大規模なプログラムに適しています。
- プログラムをファイルに保存しておくことができます。
- 同じプログラムを容易に何度も実行することができます。
- グラフィックスや GUI を扱うプログラム（メニューやコマンドボタンなどがあるプログラム）に適しています。

第 3 章

MIDI の出力と入力

この章では MIDI メッセージについてと、
pygame というパッケージを使って MIDI 出力
と MIDI 入力を行うプログラムについて説明し
ます。

3.1　MIDI メッセージ

MIDI の主なメッセージには以下に示すようなものがあります（主な具体例は後で示します）。

3.1.1　ノートオン

ノートオンは発音のメッセージです。送るデータは次の通りです。

```
9cH, n, v
```

c はチャンネル、n はノートナンバー、v は音の強さ（velocity）です。

> **Note**　velocity は量と方向を同時に示すベクトル量ですが、本書では強さと表現します。

3.1.2　ノートオフ

ノートオフは鳴っている音を止めるメッセージです。送るデータは次の通りです。

```
8cH, n, v
```

c はチャンネル、n はノートナンバー、v は音の強さです。

3.1.3　オールノートオフ

オールノートオフは指定したチャンネルで鳴っているすべての音を止めるメッセージです。送るデータは次の通りです。

```
BcH, 7BH, 00
```

c は音を止めるチャンネルです。

オールノートオフは意図的にすべての音を止めるときに使うほかに、操作ミスや何らかのトラブルによって音が鳴り続けてしまったときにも使います。MIDI ノートを編集するようなアプリでは、いつでもオールノートオフを MIDI 出力デバイスに送出できるように作っておくことが推奨されます。

3.1.4 オールサウンドオフ

オールサウンドオフは指定したチャンネルで鳴っているすべてのボイスを止めるメッセージです。送るデータは次の通りです。

```
BcH, 78H, 00
```

c は音を止めるチャンネルです。

ホールドやリリースなどの音の状態に係わらず鳴っている音を止めるという点でオールノートオフより強力なメッセージであるといえます。

3.1.5 ピッチベンド

ピッチベンドはピッチを相対的に変化させます。送るデータは次の通りです。

```
EcH, ll, mm
```

c は音を変化させるチャンネルです。変化量は ll（下位バイト）と mm（上位バイト）で表され、0040H のときに基準音、0000H で音が最も低く、7F7FH で最も高くなります。

3.1.6 プログラムチェンジ

プログラムチェンジは音色プログラム（鳴らす楽器）を変更します。送るデータは次の通りです。

```
CnH, pp
```

n はプログラムを変更するチャンネルです。pp はプログラムナンバーを表します。

3.1.7 コントロールチェンジ

コントロールチェンジは、ボリュームやパン、ペダルやホイールなど、さまざまな制御を行います。送るデータは次の通りです。

```
EnH, cc, vv
```

n は制御するチャンネルです。cc はコントロールナンバー、vv はデータを表します。具体

的な制御方法はデバイスによって異なります。

3.1.8 SysEx メッセージ

SysEx（System Exclusive、システムエクスクルーシブ）メッセージは、特定の MIDI デバイス特有の機能を制御します。送るデータは次の通りです。

```
F0H, len, ... ,F7H
```

先頭のバイトは F0H で、可変長のデータ長 len と、固有のデータが続き、F7H で終わります。id を使う次の形式であることもあります。

```
F0H, id, ...
```

3.1.9 メタイベント

メタイベントは、FFH で始まり、拍子やテンポ、その他の情報（楽器名、コメント、著作者情報、歌詞など）を表します。書式は次の通りです。

```
FFH, type, len, data
```

type は表 3.1 に示すイベントの種類、len は可変長表現（後述）のデータ長、data はイベントのデータです。

Note　MIDI メッセージの詳細な決まりについては MIDI の規格書を参照してください。

拍子の dd は分母ですが、これは 2 の負のべき乗で表し、たとえば分母が 4 の四分音符（2^2）の場合は 2H、分母が 8 の八分音符（2^3）の場合は 3H です。cc はメトロノーム間隔を MIDI クロックで表し、たとえば四分音符間隔でメトロノームを鳴らすなら 18H（24）です。bb は四分音符（24MIDI クロック）あたりの三十二分音符の数で、演奏には関係なく、楽譜表示の時に使われる値です。

表3.1 ● メタイベント

データ	意味
FFH 00H 02H	シーケンス番号（FORMAT 0/1 では使われない）
FFH 01H len text	コメントなどのテキスト
FFH 02H len text	著作権表示のテキスト
FFH 03H len text	シーケンス名／トラック名
FFH 04H len text	楽器名
FFH 05H len text	歌詞
FFH 2FH 00H	トラックチャンクの終わりを示す
FFH 51H 03H tmp	テンポ。tmp は3バイトのテンポで4分音符の長さ（マイクロ秒単位）
FFH 58H 04H nn dd cc bb	拍子（nn=分子、dd=分母、cc=メトロノーム、bb=32音符数）
FFH 59H 02H sf ml	キー（sf=シャープ／フラットの数、ml=0 は長調、1 は短調）

3.2　単純な出力

ここでは最初に単純な音を鳴らす方法を説明します。

3.2.1　pygame の準備

pygame はゲームに関連するプログラムを開発する際に便利に使えるモジュールですが、その中に MIDI を利用するためのパッケージも含まれています。

pygame を使うためにはシステムにあらかじめ pygame をインストールしておきます。

```
>python -m pip install pygame
```

3.2.2　単音の出力

単に音を鳴らすには、次のようにします。

最初に pygame.midi をインポートします。

```
import pygame.midi
```

pygame.midi をインポートすることによって、後で使う pygame.midi.init() や

pygame.midi.Output()などのMIDIの出力のために必要な関数（メソッド）を使えるように
なります。

Pythonのインタラクティブシェルで実行すると、次のようになるでしょう。

```
>>> import pygame.midi
pygame 2.5.0 (SDL 2.28.0, Python 3.11.3)
Hello from the pygame community. https://www.pygame.org/contribute.html
>>>
```

実行されるコードとしては、最初にpygame.midi.init()を呼び出してMIDIを初期化し
ます。

```
>>> pygame.midi.init()
```

次にpygame.midi.Output()を呼び出してMIDI出力デバイスを取得します。

```
>>> mout = pygame.midi.Output(0)
```

エラーになる場合は有効なMIDI出力デバイスがありません。エラーになった場合は、MIDI
出力デバイス（ソフトウェア音源か音源ハードウェアとデバイスドライバ）を準備する必要が
あります。

> **Note** 出力デバイスが使用可能かどうかは、pygame.midi.get_default_output_id()でも調
> べることができます。

さらに、インスツルメント（楽器）の番号として0を指定します（通常、番号0はデフォル
トの音色です）。

```
>>> mout.set_instrument(0)
```

これだけの準備をしておいてノートオンを実行すると音が鳴ります。次の例は、チャンネル
0、中央ド（C）の音を127の強さで鳴らすためにノートオンメッセージを送るためのコード
です。

```
>>> mout.note_on(60, velocity=127, channel=0)
```

　これで通常はピアノの音でドの音が鳴ります。ピアノの音は減衰するのでそのままでも音は消えますが、MIDIのシステムとしては音が鳴ったままの状態になるので、ノートオフメッセージを送る mout.note_off() を実行して音を止めます。

```
>>> mout.note_off(60)
```

　スクリプトで音を鳴らすなら、音を鳴らしている間に time.sleep() を使うので、プログラムの先頭で time もインポートします。

```
import time
```

　そして、mout.note_on() で音を鳴らしたあと time.sleep() で指定した時間（秒）だけスリープしてから mout.note_off() を呼び出して音を止めます。

```
mout.note_on(60, velocity=127, channel=0)
time.sleep(1)
mout.note_off(60)
```

　チャンネル0、中央ド（C）の音を127の強さで1秒間だけ音を鳴らすスクリプト全体は次のようになります。

リスト3.1　playC.py

```
import pygame.midi
import time

pygame.midi.init()
mout = pygame.midi.Output(0)
mout.set_instrument(0)
mout.note_on(60, velocity=127, channel=0)
time.sleep(1)
mout.note_off(60)

mout.close()
```

Note　使用可能なMIDI出力デバイスがない場合は音が鳴りません。音が鳴らない場合は付録B も参照してください。

3.2.3　和音の出力

　和音を出力したいときには、鳴らしたい音を順にノートオンで鳴らします。たとえば、ドミソを鳴らすには、次のようにします。

```
mout.note_on(60, velocity=127, channel=0)
mout.note_on(64, velocity=127, channel=0)
mout.note_on(67, velocity=127, channel=0)
```

　60 はド、64 はミ、67 はソのノートナンバーです（第 1 章 1.2.5 節参照）。

　音を鳴らした後で、指定したチャンネルで鳴っているすべての音を止めるにはオールノートオフメッセージを送ります。3.1 節で説明した通り、オールノートオフメッセージで送るデータは次の通りです。

```
BcH, 7BH, 00
```

　Python でオールノートオフを送るには、`write_short()` を使うことができます。

```
mout.write_short(0xB0, data1=0x7B, data2=0)
```

　チャンネル 0 で、ドミソの和音を 127 の強さで 1 秒間だけ音を鳴らすスクリプト全体は次のようになります。

リスト 3.2　playCEG.py

```python
import pygame.midi
import time

pygame.midi.init()
mout = pygame.midi.Output(0)
mout.set_instrument(0)

# ドミソを鳴らす
mout.note_on(60, velocity=127, channel=0)
mout.note_on(64, velocity=127, channel=0)
mout.note_on(67, velocity=127, channel=0)

# 1秒待つ
```

```
time.sleep(1)

# オールノートオフ
mout.write_short(0xB0, data1=0x7B, data2=0)

mout.close()
```

3.3 出力の応用

ここでは、ノートオンでさまざまな音を出力する方法を説明します。

3.3.1 メロディーの出力

メロディーを出力するには、ノートオンを送出した後で音符の長さだけスリープしてからノートオフを送出することを繰り返します。

たとえば、次のようなメロディーを鳴らしたいとします（音符の下の数字はノートナンバーです）。

図3.1 ● メロディーの例

最初にノートナンバー 67 の音を 0.5 秒鳴らして止め、次にノートナンバー 69 の音を 0.25 秒鳴らして止め、さらににノートナンバー 69 の音を 0.25 秒鳴らして止め、……ということを繰り返します。

この一連のデータをまとめて Tuple のリストとして次のように定義します。

```
notes = [(67, 0.5), (69, 0.25), (71, 0.25), (72, 0.5), (69, 0.5),
         (67, 0.5), (69, 0.25), (71, 0.25), (72, 1)  ]
```

これを次の for ループで繰り返し鳴らしてはスリープして音を止めるということを繰り返します。

```
for note, len in notes:
    mout.note_on(note, velocity=127, channel=0)
    time.sleep(len)
    mout.note_off(note)
```

Note Python の for 文は繰り返しのための構文です。「for note, len in notes:」は notes
に入っている note と len の組を、入っている数だけ繰り返します。

プログラム全体は次のようになります。

リスト 3.3 melody.py

```
import pygame.midi
import time

notes = [(67, 0.5), (69, 0.25), (71, 0.25), (72, 0.5), (69, 0.5), ¥
         (67, 0.5), (69, 0.25), (71, 0.25), (72, 1)  ]

pygame.midi.init()
mout = pygame.midi.Output(0)
mout.set_instrument(0)

for note, len in notes:
    mout.note_on(note, velocity=127, channel=0)
    time.sleep(len)
    mout.note_off(note)

mout.close()
```

このスクリプトを次のように実行すると、先ほどの図に示したメロディーが鳴ります。

```
>python melody.py
```

3.3.2　ピッチベンド

　ノートナンバーを指定して鳴らす音は、通常は A（ラ）= 440 Hz の平均率の音です。この音
をわずかに上下させたいときには、ピッチベンドメッセージを使います。ピッチベンドメッ
セージを送るには Output.pitch_bend() を使います。

```
Output.pitch_bend(value=v, channel=c)
```

vは変化させるピッチの値で、−8192〜8191の範囲で指定します。0を指定した場合、ピッチは変わりません。この値に+4096を指定すると典型的には鳴る音が半音上がります。−8192を指定すると全音下がります（詳細はシンセサイザーによって異なります）。

cは変化させるチャンネルを指定します。

たとえば、チャンネル1でやや高いドを鳴らすときには次のようにします。

```
mout.pitch_bend(value=500, channel=1)
mout.note_on(60, velocity=127, channel=1)
```

チャンネル0でドを鳴らして、チャンネル1でやや高いドを1秒後に鳴らすには次のようにします。

```
# チャンネル0でドを鳴らす
mout.note_on(60, velocity=127, channel=0)
time.sleep(1)

# チャンネル1でやや高いドを鳴らす
mout.pitch_bend(value=500, channel=1)
mout.note_on(60, velocity=127, channel=1)
```

ピッチの異なる音を鳴らすプログラム全体は次のようになります。

リスト3.4 pitchbend.py

```python
import pygame.midi
import time

pygame.midi.init()
mout = pygame.midi.Output(0)
mout.set_instrument(0)

# チャンネル0でドを鳴らす
mout.note_on(60, velocity=127, channel=0)
time.sleep(1)

# チャンネル1でやや高いドを鳴らす
```

```
mout.pitch_bend(value=500, channel=1)
mout.note_on(60, velocity=127, channel=1)
time.sleep(2)

# オールサウンドオフ
mout.write_short(0xB0, data1=0x78, data2=0)
mout.write_short(0xB1, data1=0x78, data2=0)

mout.close()
```

このプログラムを実行すると最初に A = 440 Hz のドが鳴って 1 秒後にやや高い音が鳴り、同時に最初の音との差のうなりが聴こえてきます。

3.3.3 音色の設定

鳴らす音の音色（楽器）を指定したいときには、プログラムチェンジメッセージを使います。プログラムチェンジで送るデータは次の通りです。

```
CnH, pp
```

c はプログラムを変更するチャンネルです。pp はプログラムナンバーを表します。

MIDI の規格ではプログラムナンバーと音色（楽器）の関係は確定していませんが、一般に良く使われる GM 音源では表 3.2 のようになっています。

表 3.2 ● GM 音源の音色

プログラムナンバー[*]	音色
1（1H）	アコースティック ピアノ（Acoustic Piano）
2（2H）	ブライトピアノ（Bright Piano）
3（3H）	エレクトリック グランドピアノ（Electric Grand Piano）
4（4H）	ホンキートンク ピアノ（Honky-tonk Piano）
5（5H）	エレクトリック ピアノ（Electric Piano）
6（6H）	エレクトリック ピアノ 2（Electric Piano 2）
7（7H）	ハープシコード（Harpsichord、チェンバロ）
8（8H）	クラビコード（Clavichord）
9（9H）	チェレスタ（Celesta）

（次頁に続く）

表 3.2 ● GM 音源の音色（続き）

プログラムナンバー *	音色
10（AH）	グロッケンシュピール（Glockenspiel）
11（BH）	オルゴール（Music box）
12（CH）	ビブラフォン（Vibraphone）
13（DH）	マリンバ（Marimba）
14（EH）	シロフォン（Xylophone、木琴）
15（FH）	チューブラーベル（Tubular Bell）
16（10H）	ダルシマー（Dulcimer）
17（11H）	ドローバーオルガン（Drawbar Organ）
18（12H）	パーカッシブオルガン（Percussive Organ）
19（13H）	ロックオルガン（Rock Organ）
20（14H）	チャーチ オルガン（Church organ）
21（15H）	リード オルガン（Reed organ）
22（16H）	アコーディオン（Accordion）
23（17H）	ハーモニカ（Harmonica）
24（18H）	バンドネオン（Tango Accordion）
25（19H）	クラシックギター（Acoustic Guitar、ナイロン弦）
26（1AH）	アコースティックギター（Acoustic Guitar、スチール弦）
27（1BH）	エレキジャズギター（Electric Guitar, jazz)）
28（1CH）	エレキクリーン ギター（Electric Guitar, clean）
29（1DH）	エレキミュート ギター（Electric Guitar, muted）
30（1EH）	オーバードライブ ギター（Overdriven Guitar）
31（1FH）	ディストーション ギター（Distortion Guitar）
32（20H）	ギター ハーモニクス（Guitar harmonics）
33（21H）	アコースティックベース（Acoustic Bass）
34（22H）	エレキフィンガーベース（Electric Bass, finger）
35（23H）	エレキピックベース（Electric Bass, pick）
36（24H）	フレットレスベース（Fretless Bass）
37（25H）	スラップベース 1（Slap Bass 1）
38（26H）	スラップベース 2（Slap Bass 2）
39（27H）	シンセベース 1（Synth Bass 1）

（次頁に続く）

表 3.2 ● GM 音源の音色（続き）

プログラムナンバー*	音色
40（28H）	シンセベース 2（Synth Bass 2）
41（29H）	バイオリン（Violin）
42（2AH）	ビオラ（Viola）
43（2BH）	チェロ（Cello）
44（2CH）	コントラバス（Double bass）
45（2DH）	弦楽器のトレモロ（Tremolo Strings）
46（2EH）	弦楽器のピッチカート（Pizzicato Strings）
47（2FH）	オーケストラ ハープ（Orchestral Harp）
48（30H）	ティンパニ（Timpani）
49（31H）	ストリング アンサンブル 1（String Ensemble 1）
50（32H）	ストリング アンサンブル 2（String Ensemble 2）
51（33H）	シンセストリングス 1（Synth Strings 1）
52（34H）	シンセストリングス 2（Synth Strings 2）
53（35H）	「あー」という人の声（Voice Aahs）
54（36H）	「おー」という人の声（Voice Oohs）
55（37H）	シンセ ボイス（Synth Voice）
56（38H）	オーケストラ ヒット（Orchestra Hit）
57（39H）	トランペット（Trumpet）
58（3AH）	トロンボーン（Trombone）
59（3BH）	チューバ（Tuba）
60（3CH）	ミュートトランペット（Muted Trumpet）
61（3DH）	フレンチホルン（French horn）
62（3EH）	ブラスセクション（Brass Section）
63（3FH）	シンセブラス 1（Synth Brass 1）
64（40H）	シンセブラス 2（Synth Brass 2）
65（41H）	ソプラノサックス（Soprano Sax）
66（42H）	アルトサックス（Alto Sax）
67（43H）	テナーサックス（Tenor Sax）
68（44H）	バリトンサックス（Baritone Sax）
69（45H）	オーボエ（Oboe）

（次頁に続く）

表 3.2 ● GM 音源の音色（続き）

プログラムナンバー *	音色
70（46H）	イングリッシュ ホルン（English Horn）
71（47H）	バスーン（Bassoon、ファゴット）
72（48H）	クラリネット（Clarinet）
73（49H）	ピッコロ（Piccolo）
74（4AH）	フルート（Flute）
75（4BH）	リコーダー（Recorder）
76（4CH）	パンフルート（Pan Flute）
77（4DH）	ボトル（Blown Bottle）
78（4EH）	尺八（Shakuhachi）
79（4FH）	口笛（Whistle）
80（50H）	オカリナ（Ocarina）
81（51H）	リード 1（Lead 1 square、矩形波）
82（52H）	リード 2（Lead 2 sawtooth、ノコギリ波）
83（53H）	カリオペ（Lead 3 calliope）
84（54H）	チフ（Lead 4 chiff）
85（55H）	チャラング（Lead 5 charang）
86（56H）	声（Lead 6 voice）
87（57H）	フィフスズ（Lead 7 fifths）
88（58H）	バス + リード（Lead 8 bass + lead）
89（59H）	シンセパッド 1（Pad 1 Fantasia、ファンタジア）
90（5AH）	シンセパッド 2（Pad 2 warm、ウォーム）
91（5BH）	シンセパッド 3（Pad 3 polysynth、ポリシンセ）
92（5CH）	シンセパッド 4（Pad 4 choir、クワイア）
93（5DH）	シンセパッド 5（Pad 5 bowed、ボウ）
94（5EH）	シンセパッド 6（Pad 6 metallic、メタリック）
95（5FH）	シンセパッド 7（Pad 7 halo、ハロー）
96（60H）	シンセパッド 8（Pad 8 sweep、スウィープ）
97（61H）	シンセエフェクト 1（FX 1 rain、雨）
98（62H）	シンセエフェクト 2（FX 2 soundtrack、サウンドトラック）
99（63H）	シンセエフェクト 3（FX 3 crystal クリスタル）

（次頁に続く）

表 3.2 ● GM 音源の音色（続き）

プログラムナンバー*	音色
100（64H）	シンセエフェクト 4（FX 4 atmosphere、アトモスフィア）
101（65H）	シンセエフェクト 5（FX 5 brightness、ブライトネス）
102（66H）	シンセエフェクト 6（FX 6 goblins、ゴブリン）
103（67H）	シンセエフェクト 7（FX 7 echoes、エコー）
104（68H）	シンセエフェクト 8（FX 8 sci-fi、サイファイ）
105（69H）	シタール（Sitar）
106（6AH）	バンジョー（Banjo）
107（6BH）	三味線（Shamisen）
108（6CH）	琴／箏（Koto）
109（6DH）	カリンバ（Kalimba）
110（6EH）	バグパイプ（Bagpipe）
111（6FH）	フィドル（Fiddle）
112（70H）	シャハナイ（Shanai）
113（71H）	ティンクルベル（Tinkle Bell）
114（72H）	アゴゴ（Agogo）
115（73H）	スチールパン（Steel Drums）
116（74H）	ウッドブロック（Woodblock）
117（75H）	太鼓（Taiko Drum）
118（76H）	メロディックタム（Melodic Tom）
119（77H）	シンセドラム（Synth Drum）
120（78H）	リバースシンバル（Reverse Cymbal）
121（79H）	ギターフレットノイズ（Guitar Fret Noise、効果音）
122（7AH）	ブレスノイズ（Breath Noise、効果音）
123（7BH）	海岸（Seashore、効果音）
124（7CH）	鳥のさえずり（Bird Tweet、効果音）
125（7DH）	電話のベル（Telephone Ring、効果音）
126（7EH）	ヘリコプター（Helicopter、効果音）
127（7FH）	拍手（Applause、効果音）
128（80H）	銃声（Gunshot、効果音）

* かっこ内は 16 進数

効果音については 3.3.6 節で説明します。

たとえば、フルートの音を鳴らしたければプログラムチェンジナンバーとして 74（値はゼロから始まるので data1=73）を指定して次のようにします。

```
# プログラムチェンジ（フルート）
mout.write_short(0xC0, data1=73, data2=0)
```

たとえば、最初にフルートでソの音を鳴らした後でトランペットの音でソを鳴らしたければ次のようにします。

リスト 3.5　prgchg.py

```
import pygame.midi
import time

pygame.midi.init()
mout = pygame.midi.Output(0)
mout.set_instrument(0)

# プログラムチェンジ（フルート）
mout.write_short(0xC0, data1=73)

# ソを鳴らす
mout.note_on(67, velocity=127, channel=0)
time.sleep(1)

# オールノートオフ
mout.write_short(0xB0, data1=0x7B, data2=0)

# プログラムチェンジ（トランペット）
mout.write_short(0xC0, data1=56)

# ソを鳴らす
mout.note_on(67, velocity=127, channel=0)
time.sleep(1)

# オールノートオフ
mout.write_short(0xB0, data1=0x7B, data2=0)
```

```
mout.close()
```

Note 実際に鳴る音色や音の品質は音源によって異なります。

3.3.4 打楽器

GM では 10 チャンネルは、打楽器（パーカッション）のために予約されています（ただし、この時の「打楽器」には、ティンパニやマリンバのように音程のある打楽器は除かれています）。

簡単に言うと、10 チャンネルで特定の高さの音（ノートナンバー）を鳴らすと、特定の打楽器の音が鳴ります。このようなノートナンバーに対する打楽器割り当て表をドラムマップ（drum map）と呼ぶことがあります。

GM 音源のドラムマップを表 3.3 に示します。

表 3.3 ● GM 音源の打楽器

ノートナンバー [*]	楽器
35（23H）	バスドラム 2（Bass Drum 2）
36（24H）	バスドラム 1（Bass Drum 1）
37（25H）	サイドスティック（Side Stick）
38（26H）	スネアドラム 1（Snare Drum 1）
39（27H）	手拍子（Hand Clap）
40（28H）	スネアドラム 2（Snare Drum 2）
41（29H）	ロートム 2（Low Tom 2）
42（2AH）	クローズハイハット（Closed Hi-hat）
43（2BH）	ロートム 1（Low Tom 1）
44（2CH）	ペダルハイハット（Pedal Hi-hat）
45（2DH）	ミドルトム 2（Mid Tom 2）
46（2EH）	オープンハイハット（Open Hi-hat）
47（2FH）	ミドルトム 1（Mid Tom 1）
48（30H）	ハイトム 2（High Tom 2）
49（31H）	クラッシュシンバル 1（Crash Cymbal 1）
50（32H）	ハイトム 1（High Tom 1）
51（33H）	ライドシンバル 1（Ride Cymbal 1）
52（34H）	チャイニーズシンバル（Chinese Cymbal）

（次頁に続く）

表 3.3 ● GM 音源の打楽器 (続き)

ノートナンバー *	楽器
53 (35H)	ライドベル (Ride Bell)
54 (36H)	タンバリン (Tambourine)
55 (37H)	スプラッシュシンバル (Splash Cymbal)
56 (38H)	カウベル (Cowbell)
57 (39H)	クラッシュシンバル 2 (Crash Cymbal 2)
58 (3AH)	ヴィブラスラップ (Vibra Slap)
59 (3BH)	ライドシンバル 2 (Ride Cymbal 2)
60 (3CH)	ハイボンゴ (High Bongo)
61 (3DH)	ローボンゴ (Low Bongo)
62 (3EH)	ミュートハイコンガ (Mute High Conga)
63 (3FH)	オープンハイコンガ (Open High Conga)
64 (40H)	ローコンガ (Low Conga)
65 (41H)	ハイティンバル (High Timbale)
66 (42H)	ローティンバル (Low Timbale)
67 (43H)	ハイアゴゴ (High Agogo)
68 (44H)	ローアゴゴ (Low Agogo)
69 (45H)	カバサ (Cabasa)
70 (46H)	マラカス (Maracas)
71 (47H)	ショートホイッスル (Short Whistle)
72 (48H)	ロングホイッスル (Long Whistle)
73 (49H)	ショートギロ (Short Guiro)
74 (4AH)	ロングギロ (Long Guiro)
75 (4BH)	クラベス (Claves)
76 (4CH)	ハイウッドブロック (High Wood Block)
77 (4DH)	ローウッドブロック (Low Wood Block)
78 (4EH)	ミュートクイーカ (Mute Cuica)
79 (4FH)	オープンクイーカ (Open Cuica)
80 (50H)	ミュートトライアングル (Mute Triangle)
81 (51H)	オープントライアングル (Open Triangle)

* かっこ内は 16 進数

　たとえば、バスドラム 1 (ノートナンバー 36) を鳴らしたいときには次のようにします。

チャンネルは 0 から始まるので、この場合 10 チャンネルを指定するために channel=9 にしている点に注意してください。

```
mout.note_on(36, velocity=127, channel=9)
```

次の例は、バスドラム 1（Bass Drum 1）、スネアドラム 1（Snare Drum 1）、オープントライアングル（Open Triangle）を順に鳴らすプログラムの例です。

リスト 3.6　play_perc.py

```python
import pygame.midi
import time

pygame.midi.init()
mout = pygame.midi.Output(0)
mout.set_instrument(0)

# バスドラム 1（36）を鳴らす
mout.note_on(36, velocity=127, channel=9)
time.sleep(1)

# ノートオフ
mout.note_off(36)

# スネアドラム 1（38）を鳴らす
mout.note_on(38, velocity=127, channel=9)
time.sleep(1)

# ノートオフ
mout.note_off(38)

# オープントライアングル（81）を鳴らす
mout.note_on(81, velocity=127, channel=9)
time.sleep(1)

# オールノートオフ
mout.write_short(0xB0, data1=0x7B, data2=0)

mout.close()
```

3.3.5　音程のある打楽器

ここでは、音程のある鍵盤打楽器であるシロフォン（木琴、プログラムチェンジナンバー14）で次のようなメロディーを演奏するプログラムについて考えてみます（音符の下の数字はノートナンバーです）。

図 3.2 ● シロフォンのメロディーの例

シロフォンの音を鳴らすのでプログラムチェンジナンバーとして 14（0 から始まるのでdata1=13）を指定して次のようにします。

```
# プログラムチェンジ（シロフォン）
mout.write_short(0xC0, data1=13, data2=0)
```

最初にノートナンバー 67 の音を 0.5 秒鳴らして止め、次にノートナンバー 69 の音を 0.25秒鳴らして止め、さらににノートナンバー 67 の音を 0.25 秒鳴らして止め、……ということを繰り返します。

この一連のデータをまとめて Tuple のリストとして次のように定義します。

```
notes = [(67, 0.5), (69, 0.25), (67, 0.125), (68, 0.125), ¥
         (69, 0.5), (65, 0.5), (67, 0.25), (65, 0.25), ¥
         (64, 0.25), (62, 0.25), (60, 1) ]
```

これを次の for ループで繰り返し鳴らしてはスリープして音を止めるということを繰り返します。

```
for note, len in notes:
    mout.note_on(note, velocity=127, channel=0)
    time.sleep(len)
    mout.note_off(note)
```

プログラム全体は次のようになります。

リスト 3.7　play_xylo.py

```python
import pygame.midi
import time

notes = [(67, 0.5), (69, 0.25), (67, 0.125), (68, 0.125), ¥
         (69, 0.5), (65, 0.5), (67, 0.25), (65, 0.25), ¥
         (64, 0.25), (62, 0.25), (60, 1) ]

pygame.midi.init()
mout = pygame.midi.Output(0)
mout.set_instrument(0)

# プログラムチェンジ（シロフォン）
mout.write_short(0xC0, data1=14, data2=0)

for note, len in notes:
    mout.note_on(note, velocity=127, channel=0)
    time.sleep(len)
    mout.note_off(note)

# オールノートオフ
mout.write_short(0xB0, data1=0x7B, data2=0)

mout.close()
```

3.3.6　効果音

　効果音を鳴らす方法は、10 チャンネル以外で音色として効果音を指定する方法と、GM の 10 チャンネルで効果音を鳴らす方法があります。

　音色として効果音を指定する方法では、プログラムチェンジで効果音の音色を指定してから、適切な高さの音を鳴らします。このとき音色の指定は 0 から始まるので、たとえば電話のベル（125）の場合は data1=124 を指定します。

```python
# プログラムチェンジ（電話のベル）
mout.write_short(0xC0, data1=124)

# ベルを鳴らす
mout.note_on(67, velocity=127, channel=0)
```

　GM の 10 チャンネルで効果音を鳴らすときには、10 チャンネルを指定（channel=9）してから、効果音のノートナンバーを指定します。

```
# ロングホイッスルを鳴らす
mout.note_on(72, velocity=127, channel=9)
time.sleep(1)

# オールノートオフ
mout.write_short(0xB0, data1=0x7B, data2=0)
```

　これらをまとめたプログラム全体は次のようになります。

リスト 3.8　play_effect.py

```python
import pygame.midi
import time

pygame.midi.init()
mout = pygame.midi.Output(0)
mout.set_instrument(0)

# プログラムチェンジ（電話のベル）
mout.write_short(0xC0, data1=124)

# ベルを鳴らす
mout.note_on(67, velocity=127, channel=0)
time.sleep(1)

# ノートオフ
mout.note_off(67)

# ロングホイッスルを鳴らす
mout.note_on(72, velocity=127, channel=9)
time.sleep(1)

# オールノートオフ
mout.write_short(0xB0, data1=0x7B, data2=0)

mout.close()
```

3.4　MIDI 入力

　ここでは MIDI キーボードのような入力デバイスから送られるデータを受け取るプログラム
を作ります。

3.4.1　MIDI 入力デバイス

　MIDI の入力を扱うためには、MIDI キーボードのような MIDI 入力デバイスと、適切なデバ
イスドライバなどが必要です。ただし、ドライバは OS によって自動的に組み込まれて、たとえ
ば、Windows では、USB 接続の MIDI キーボードを接続すると自動的に認識されて MIDI キー
ボードを入力デバイスとして利用できるようになる場合があります。

　入力デバイスが使用可能かどうかは、`pygame.midi.get_default_input_id()` を使う次
のコードで調べることができます。

```
>>> import pygame.midi
pygame 2.5.0 (SDL 2.28.0, Python 3.11.3)
Hello from the pygame community. https://www.pygame.org/contribute.html
>>> pygame.midi.init()
>>> input_id = pygame.midi.get_default_input_id()
>>> input_id
1
```

　これで `input_id` が正の値である場合はそのデバイスを使うことができ、`-1` の場合は MIDI
入力は使えません。

> **Note**　使用可能な MIDI ドライバがない場合は、「`pygame.midi.get_default_input_id()`」を
> 実行するとエラーになります。

　有効な MIDI デバイスがあれば、`pygame.midi.Input()` でそのデバイスを使うようにし
ます。

```
midi_in = pygame.midi.Input(input_id)
```

　MIDI 入力があると `pygame.midi.Input.poll()` は `True` を返し、そうでなければ `False`
を返します。

　そこで、poll() が True を返したときに pygame.midi.Input.read() でイベントをバッファから読み込むと、読み込んだイベントのデータを文字列に変換して表示することができます。

```
while True:
    if midi_in.poll():
        event = midi_in.read(10)
        print( str(event) )
        break
```

　このときの出力は例えば次のような形式です。

```
[[[status,data1,data2,data3],timestamp]]
```

　[status,data1,data2,data3] はイベントメッセージで、timestamp はタイムスタンプ（イベントが発生した時刻）です。
　例えば次のような値が表示されます。

```
[[[144, 57, 48, 0], 49317]]
```

　上の例で、[144, 57, 48, 0] はイベントメッセージの内容、49317 はそのときの時間です。
　10 進数 144 は 16 進数で 90H なので、このイベントは 0 チャンネルのノートオンメッセージである音がわかります。57 はノートナンバー、48 は音の強さ（velocity）です。
　入力が終わったら MIDI を閉じて pygame.midi も終了しておきます。

```
midi_in.close()
pygame.midi.quit()
```

　MIDI の入力イベントを 10 個表示するプログラムとしてまとめると次のようなります。

リスト 3.9　midiin.py

```
import pygame.midi
import sys
```

```
pygame.midi.init()
input_id = pygame.midi.get_default_input_id()

if input_id < 0:
    print("有効なMIDI入力デバイスがありません。")
    sys.exit(-1)

midi_in = pygame.midi.Input(input_id)
print ("[[[status,data1,data2,data3],timestamp]]")

count = 0
while count < 10:
    if midi_in.poll():
        event = midi_in.read(10)
        print( str(event) )
        count += 1

midi_in.close()
pygame.midi.quit()
```

3.4.2 MIDI 入出力

MIDI 入力を MIDI 出力（音源）に送ることで、MIDI キーボードなどから送られた音の情報で音を鳴らすことができます。

ここでは、入力されたイベントメッセージで音を鳴らしたいので、state[0] が 0x90 のときにノートオンを呼び出し、state[0] が 0x80 のときにノートオフを呼び出す次のようなコードにします。

```
event = midi_in.read(10)
state = event[0][0]
if state[0] == 0x90:
    midi_out.note_on(state[1],state[2])
if state[0] == 0x80:
    midi_out.note_off(state[1],state[2])
```

MIDI キーボードから 5 個のノートオン／オフメッセージを受け取ってそれぞれの音を鳴らすスクリプトは次のようになります。

リスト 3.10   midiplay.py

```python
import pygame.midi
import sys

pygame.midi.init()
input_id = pygame.midi.get_default_input_id()
if input_id < 0:
    print("有効なMIDI入力デバイスがありません。")
    sys.exit(-1)
output_id = pygame.midi.get_default_output_id()
midi_in = pygame.midi.Input(input_id)
midi_out = pygame.midi.Output(output_id)
midi_out.set_instrument(0)

count = 0
while count < 5:
    if midi_in.poll():
        event = midi_in.read(10)
        state = event[0][0]
        if state[0] == 0x90:
            midi_out.note_on(state[1],state[2])
        if state[0] == 0x80:
            midi_out.note_off(state[1],state[2])
            count += 1

midi_in.close()
midi_out.close()
pygame.midi.quit()
```

第 4 章

Mido

この章では Mido を使った MIDI プログラミングのうち、MIDI 出力について説明します。

4.1 Midoの基礎

ここでは Mido を使い始めるために必要な基本的なことを解説します。

4.1.1 Mido とは

Mido は MIDI 1.0 に準拠した、MIDI ポート、MIDI メッセージ、MIDI ファイルを扱うための Python ライブラリです。

第 3 章で取り上げた pygame は容易に使えますが、基本的にはゲームのためのライブラリなので、MIDI の詳細を扱うには必ずしも適していません。一方、Mido は MIDI ファイルを含めた MIDI を使いこなすためのさまざまな機能が提供されています。

> **Note** Mido のうち MIDI ファイルに関連することは第 5 章で取り上げます。

4.1.2 Mido のインストール

最初に Mido をインストールします。インストールするモジュールは、mido と python-rtmidi です。

```
$ pip install mido python-rtmidi
```

または

```
>python -m pip install mido python-rtmidi
```

4.2　Midoによる単純な出力

ここでは単音を鳴らしてみます。

4.2.1　単音の出力

最初に mido をインポートします。あとで time.sleep() も使うので、これもインポートしておきましょう。

```
import mido
import time
```

次に、mido.get_output_names() を呼び出して出力ポートの名前を取得します。
次の例は Windows マシンで Python のインタラクティブシェルで実行した例です。

```
>>> ports = mido.get_output_names()
>>> ports
['Microsoft GS Wavetable Synth 0']
```

この場合、MIDI 出力デバイスとして「Microsoft GS Wavetable Synth 0」を利用できることがわかります。

> **Note**　出力ポートがない場合（[] が返された場合）や、出力ポートが「MIDI Through」だけの場合は、MIDI Through に MIDI デバイスを接続しないと音は鳴りません。

MIDI 出力ポートが使えることが分かったので、mido.open_output() を呼び出してポートを開きます。

```
port = mido.open_output(ports[0])
```

次に MIDI のイベントメッセージを作成します。たとえば、中央ドで強度 127 のノートオンなら、次のようなメッセージを作ります。

```
msg = mido.Message('note_on', note=60, velocity=127, time=0)
```

time はイベントの時間を表しますが、この場合は 0 でもほかの値でもかまいません。
これを send() を使ってポートに送ります。

```
port.send(msg)
```

これで音が鳴ります。
1 秒間待ちます。

```
time.sleep(1)
```

ノートオフメッセージを作成してポートに送ると音が止まります。

```
msg = mido.Message('note_off', note=60, velocity=0, time=0)
port.send(msg)
```

最後にポートを閉じます。

```
port.close()
```

Mido を使って中央ドの音を鳴らすプログラム全体は次のようになります。

リスト 4.1　midoplayC.py

```python
import mido
import time

ports = mido.get_output_names()
port = mido.open_output(ports[0])

# ノートオンメッセージ
msg = mido.Message('note_on', note=60, velocity=127, time=0)
port.send(msg)
time.sleep(1)

# ノートオフメッセージ
msg = mido.Message('note_off', note=60, velocity=0, time=0)
port.send(msg)
port.close()
```

4.2.2 和音の出力

和音を出力するには、ノートオンで和音の構成音を鳴らします。

```
# ド
msg = mido.Message('note_on', note=60, velocity=127, time=0)
port.send(msg)
# ミ
msg = mido.Message('note_on', note=64, velocity=127, time=0)
port.send(msg)
# ソ
msg = mido.Message('note_on', note=67, velocity=127, time=0)
port.send(msg)
```

和音を止めるときには、mido.Message.from_bytes() を使ってオールノートオフメッセージを送ります。

```
msg = mido.Message.from_bytes([0xB0, 0x7B, 0x00])
port.send(msg)
```

Mido を使ってドミソの和音を鳴らすプログラム全体は次のようになります。

リスト 4.2　midoplayCEG.py

```
import mido
import time

ports = mido.get_output_names()
port = mido.open_output(ports[0])

msg = mido.Message('note_on', note=60, velocity=127, time=0)
port.send(msg)

msg = mido.Message('note_on', note=64, velocity=127, time=0)
port.send(msg)

msg = mido.Message('note_on', note=67, velocity=127, time=0)
port.send(msg)

time.sleep(1)
```

```
# オールノートオフ
msg = mido.Message.from_bytes([0xB0, 0x7B, 0x00])
port.send(msg)

port.close()
```

　メッセージをまとめてタイムラグを少しでも減らすことを期待したいときには、先にメッセージを作っておいて、メッセージを一度に送っても構いません。

リスト 4.3　midoplayCEG2.py

```python
import mido
import time

ports = mido.get_output_names()
port = mido.open_output(ports[0])

msgs = [mido.Message('note_on', note=60, velocity=127, time=0),
        mido.Message('note_on', note=64, velocity=127, time=0),
        mido.Message('note_on', note=67, velocity=127, time=0)]

for msg in msgs:
    port.send(msg)

time.sleep(1)

# オールノートオフ
msg = mido.Message.from_bytes([0xB0, 0x7B, 0x00])
port.send(msg)
port.close()
```

4.2.3　音色の設定

　鳴らす音の音色（楽器）を指定したいときには、プログラムチェンジメッセージを使います。プログラムチェンジで送るデータは次の通りです。

```
CnH, pp
```

　cはプログラムを変更するチャンネルです。ppはプログラムナンバーを表します。

　MIDI の規格ではプログラムナンバーと音色（楽器）の関係は確定していませんが、一般に良く使われる GM 音源の例を表 3.2（p. 34）に示してあります。

　たとえば、フルートの音を鳴らしたければプログラムナンバーとして 74（0x4A）を指定して次のようにします。

```
# プログラムチェンジ（フルート）
msg = mido.Message.from_bytes([0xC0, 0x4A])
port.send(msg)
```

　たとえば、最初にフルートでソの音を鳴らした後でトランペットの音でソを鳴らしたければ次のようにします。

リスト 4.4　midoprgchg.py

```python
import mido
import time

ports = mido.get_output_names()
port = mido.open_output(ports[0])

# プログラムチェンジ（フルート）
msg = mido.Message.from_bytes([0xC0, 0x4A])
port.send(msg)
msg = mido.Message('note_on', note=67, velocity=127, time=0)
port.send(msg)
time.sleep(1)

# オールノートオフ
msg = mido.Message.from_bytes([0xB0, 0x7B, 0x00])
port.send(msg)

# プログラムチェンジ（トランペット）
msg = mido.Message.from_bytes([0xC0, 0x39])
port.send(msg)
msg = mido.Message('note_on', note=67, velocity=127, time=0)
port.send(msg)
time.sleep(1)

# オールノートオフ
msg = mido.Message.from_bytes([0xB0, 0x7B, 0x00])
```

```
port.send(msg)
port.close()
```

Note 実際に鳴る音色や音の品質は音源によって異なります。

4.3 Midoによる出力の応用

ここでは、ノートオンでさまざまな音を出力する方法を説明します。

4.3.1 メロディーの出力

メロディーを出力するには、ノートオンを送出した後で音符の長さだけスリープしてからノートオフを送出することを繰り返します。

たとえば、次のようなメロディーを鳴らしたいとします（音符の下の数字はノートナンバーです）。

図 4.1 ● メロディーの例

最初にノートナンバー 67 の音を 0.5 秒鳴らして止め、次にノートナンバー 69 の音を 0.25 秒鳴らして止め、さらににノートナンバー 69 の音を 0.25 秒鳴らして止め、……ということを繰り返します。

データをまとめて Tuple のリストとして次のように定義します。

```
notes = [(67, 0.5), (69, 0.25), (71, 0.25), (72, 0.5), (69, 0.5),
         (67, 0.5), (69, 0.25), (71, 0.25), (72, 1)]
```

これを次の for ループで繰り返し鳴らしてはスリープして音を止めるということを繰り返します。

```
for n, len in notes:
    msg = mido.Message('note_on', note=n, velocity=127, time=0)
    time.sleep(len)
    msg = mido.Message('note_off', note=60, velocity=0, time=0)
```

プログラム全体は次のようになります。

リスト 4.5　midomelody.py

```
import mido
import time

notes = [(67, 0.5), (69, 0.25), (71, 0.25), (72, 0.5), (69, 0.5),
         (67, 0.5), (69, 0.25), (71, 0.25), (72, 1) ]

ports = mido.get_output_names()
port = mido.open_output(ports[0])

for n, len in notes:
    msg = mido.Message('note_on', note=n, velocity=127, time=0)
    port.send(msg)
    time.sleep(len)
    msg = mido.Message('note_off', note=n, velocity=0, time=0)
    port.send(msg)

port.close()
```

4.3.2　ピッチベンド

　ノートナンバーを指定して鳴らす音は、通常は A（ラ）=440Hz の平均率の音です。この音をわずかに上下させたいときには、ピッチベンドメッセージを使います。ピッチベンドメッセージを送るには次の一連のバイトを送ります。

```
EcH, ll, mm
```

　c は音を変化させるチャンネルです。変化量は ll（下位バイト）と mm（上位バイト）で表され、0040H のときに基準音、0000H で最も低く、7F7FH で最も高くなります。
　たとえば、0 チャンネルを 6000H だけ高くするには次のようにします。

```
msg = mido.Message.from_bytes([0xE0, 0x00, 0x60])
port.send(msg)
```

cは変化させるチャンネルを指定します。

たとえば、チャンネル1でやや高いドを鳴らすときには次のようにします。

```
msg = mido.Message.from_bytes([0xE1, 0x00, 0x40])
port.send(msg)
msg = mido.Message.from_bytes([0x91, 60, 127])
port.send(msg)
```

プログラム全体は次のようになります。

リスト 4.6　midopitchbend.py

```python
import mido
import time

ports = mido.get_output_names()
port = mido.open_output(ports[0])

# チャンネル0でドを鳴らす
msg = mido.Message.from_bytes([0x90, 60, 127])
port.send(msg)
time.sleep(1)

# チャンネル1でやや高いドを鳴らす
msg = mido.Message.from_bytes([0xE1, 0x00, 0x60])
port.send(msg)
msg = mido.Message.from_bytes([0x91, 60, 127])
port.send(msg)
time.sleep(2)

# オールノートオフ
msg = mido.Message.from_bytes([0xB0, 0x7B, 0x00])
port.send(msg)
msg = mido.Message.from_bytes([0xB1, 0x7B, 0x00])
port.send(msg)

port.close()
```

このプログラムを実行すると最初に A=440Hz のドが鳴って 1 秒後にそれより高い音が鳴り、同時に最初の音との差のうなりが聴こえてきます。

4.3.3 打楽器

GM では 10 チャンネルは、打楽器（パーカッション）のために予約されています（ただし、この時の「打楽器」には、ティンパニやマリンバのように音程のある打楽器は除かれています）。

簡単に言うと、10 チャンネルで特定の高さの音（ノートナンバー）を鳴らすと、特定の打楽器の音が鳴ります。このようなノートナンバーに対する打楽器割り当て表をドラムマップ（drum map）と呼ぶことがあります。

GM 音源のドラムマップは表 3.3（p. 40）に示してあります。

たとえば、バスドラム 1（ノートナンバー 36）を鳴らしたいときには次のようにします。チャンネルは 0 から始まるので、この場合 10 チャンネルを指定するために channel=9 にしている点に注意してください。

```
msg = mido.Message('note_on', note=36, velocity=127, channel=9,time=0)
port.send(msg)
```

次の例は、バスドラム 1（Bass Drum 1）、スネアドラム 1（Snare Drum 1）、オープントライアングル（Open Triangle）を順に鳴らすプログラムの例です。

リスト 4.7　play_midoperc.py

```
import mido
import time

ports = mido.get_output_names()
port = mido.open_output(ports[0])

# バスドラム 1（36）を鳴らす
msg = mido.Message('note_on', note=36, velocity=127, channel=9,time=0)
port.send(msg)
time.sleep(1)

# ノートオフ
msg = mido.Message('note_off', note=60, velocity=0, time=0)
port.send(msg)

# スネアドラム 1（38）を鳴らす
```

```
msg = mido.Message('note_on', note=38, velocity=127, channel=9,time=0)
port.send(msg)
time.sleep(1)

# ノートオフ
msg = mido.Message('note_off', note=38, velocity=0, time=0)
port.send(msg)

# オープントライアングル（81）を鳴らす
msg = mido.Message('note_on', note=81, velocity=127, channel=9,time=0)
port.send(msg)
time.sleep(1)

# オールノートオフ
msg = mido.Message.from_bytes([0xB0, 0x7B, 0x00])
port.send(msg)

port.close()
```

4.3.4　音程のある打楽器

　ここでは、音程のある鍵盤打楽器であるシロフォン（木琴、プログラムチェンジナンバー 14）で次のようなメロディーを演奏するプログラムについて考えてみます（音符の下の数字はノートナンバーです）。

図4.2 ● シロフォンのメロディーの例

　シロフォンの音を鳴らすのでプログラムチェンジナンバーとして 14（0 から始まるので 13 = 0DH）を指定して次のようにします。

```
# プログラムチェンジ（シロフォン）
msg = mido.Message.from_bytes([0xC0, 0x0D])
port.send(msg)
```

　最初にノートナンバー 67 の音を 0.5 秒鳴らして止め、次にノートナンバー 69 の音を 0.25 秒鳴らして止め、さらににノートナンバー 67 の音を 0.25 秒鳴らして止め、……ということを繰り返します。

　この一連のデータをまとめて Tuple のリストとして次のように定義します。

```
notes = [(67, 0.5), (69, 0.25), (67, 0.125), (68, 0.125), ¥
        (69, 0.5), (65, 0.5), (67, 0.25), (65, 0.25), ¥
        (64, 0.25), (62, 0.25), (60, 1) ]
```

　これを次の for ループで繰り返し鳴らしてはスリープして音を止めるということを繰り返します。

```
for note, len in notes:
    mout.note_on(note, velocity=127, channel=0)
    time.sleep(len)
    mout.note_off(note)
```

　プログラム全体は次のようになります。

リスト 4.8　play_midoxylo.py

```
import mido
import time

notes = [(67, 0.5), (69, 0.25), (67, 0.125), (68, 0.125), ¥
        (69, 0.5), (65, 0.5), (67, 0.25), (65, 0.25), ¥
        (64, 0.25), (62, 0.25), (60, 1) ]

ports = mido.get_output_names()
port = mido.open_output(ports[0])

# プログラムチェンジ（シロフォン）
msg = mido.Message.from_bytes([0xC0, 0x0D])
port.send(msg)

for n, len in notes:
    # ノートオンメッセージ
    msg = mido.Message('note_on', note=n, velocity=127, time=0)
    port.send(msg)
```

```
    time.sleep(len)
    # ノートオフメッセージ
    msg = mido.Message('note_off', note=n, velocity=0, time=0)
    port.send(msg)

# オールノートオフ
msg = mido.Message.from_bytes([0xB0, 0x7B, 0x00])
port.send(msg)
port.close()
```

4.3.5 効果音

　効果音を鳴らす方法は、10 チャンネル以外で音色として効果音を指定する方法と、GM の 10 チャンネルで効果音を鳴らす方法があります。

　音色として効果音を指定する方法では、プログラムチェンジで効果音の音色を指定してから、適切な高さの音を鳴らします。このとき音色の指定は 0 から始まるので、たとえば電話のベル（125）の場合は data1=7CH（124）を指定します。

```
# プログラムチェンジ（電話のベル）
msg = mido.Message.from_bytes([0xC0, 0x7C])
port.send(msg)

# ベルを鳴らす
msg = mido.Message('note_on', note=67, velocity=127, time=0)
port.send(msg)
```

　GM の 10 チャンネルで効果音を鳴らすときには、10 チャンネルを指定（channel=9）してから、効果音のノートナンバーを指定します。

```
# ロングホイッスルを鳴らす
msg = mido.Message('note_on', note=72, velocity=127, channel=9, time=0)
port.send(msg)
time.sleep(1)
```

　最後にオールノートオフを送ります。

```
# オールノートオフ
msg = mido.Message.from_bytes([0xB0, 0x7B, 0x00])
port.send(msg)
port.close()
```

　これらをまとめたプログラム全体は次のようになります。

リスト 4.9　play_midoeffect.py

```python
import mido
import time

ports = mido.get_output_names()
port = mido.open_output(ports[0])

# プログラムチェンジ（電話のベル）
msg = mido.Message.from_bytes([0xC0, 0x7C])
port.send(msg)

# ベルを鳴らす
msg = mido.Message('note_on', note=67, velocity=127, time=0)
port.send(msg)
time.sleep(1)

# ノートオフメッセージ
msg = mido.Message('note_off', note=67, velocity=0, time=0)
port.send(msg)

# ロングホイッスルを鳴らす
msg = mido.Message('note_on', note=72, velocity=127, channel=9, time=0)
port.send(msg)
time.sleep(1)

# オールノートオフ
msg = mido.Message.from_bytes([0xB0, 0x7B, 0x00])
port.send(msg)
port.close()
```

4.4 MidoによるMIDI入力

　ここでは MIDI キーボードのような入力デバイスから送られるデータを受け取るプログラムを作ります。

4.4.1 MIDI入力デバイス

　MIDI キーボードのような MIDI 入力デバイスと、適切なデバイスドライバなどが必要です。
　たとえば、Windows では、USB 接続の MIDI キーボードを接続すると自動的に認識されて MIDI キーボードを入力デバイスとして利用できるようになる場合があります。
　入力デバイスが使用可能かどうかは、mido.open_input() を使う次のコードっで調べることができます。

```
inport = mido.open_input()
print(inport)
```

　これで inport に有効な MIDI デバイス名が入っていればそのデバイスを使うことができます。
　次の例は Windows で MIDI 入力デバイスを調べた例です。

```
>>> inport = mido.open_input()
>>> inport
<open input 'microKEY-25 0' (RtMidi/WINDOWS_MM)>
```

　有効な MIDI デバイスがあれば、そのデバイスを使います。
　inport.receive() は MIDI 入力があるまで待って、入力があるとそのメッセージを返します。

```
>>> msg = inport.receive()
>>> print( msg )
note_on channel=0 note=57 velocity=35 time=0
```

　上の例では、チャンネルは 0、ノートナンバーが 57 で、音の強さ（velocity）は 35 です。
　入力が終わったら MIDI ポートを閉じます。

```
port.close()
```

MIDI の入力イベントを 10 個表示するプログラムとしてまとめると次のようなります。

リスト 4.10 midomidiin.py

```python
import mido
inport = mido.open_input()

count = 0
while count < 10:
    msg = inport.receive()
    print( msg )
    count += 1

port.close()
```

4.4.2 MIDI 入出力

MIDI 入力を MIDI 出力に送ることで、MIDI キーボードなどから送られた音の情報で音を鳴らすことができます。

ここでは、入力されたイベントメッセージを出力ポートに出力することで音を鳴らす次のようなコードにします。

```python
msg = in_port.receive()

out_port.send(msg)
```

10 個の MIDI イベントを受け取って音を鳴らすスクリプトは次のようになります。

リスト 4.11 midomidiplay.py

```python
import mido

in_port = mido.open_input()
outports = mido.get_output_names()
out_port = mido.open_output(outports[0])

count = 0
```

```
while count < 10:
    msg = in_port.receive()
    out_port.send(msg)
    count += 1

in_port.close()
out_port.close()
```

第 5 章

SMF

この章では標準 MIDI ファイル（SMF）について
説明します。

5.1 MIDI ファイル

MIDI のデータファイルは、一般的には標準 MIDI ファイル（Standard MIDI File; SMF）として保存されます。

5.1.1 SMF の構造

SMF は、MIDI のイベントやその他の情報を表すバイトがつながったバイナリファイルです。

SMF は、1 つのヘッダのブロック（ヘッダチャンク）と複数のトラックのブロック（トラックチャンク）で構成されています。

ヘッダチャンクには、その曲のフォーマット、トラック数、デルタタイム（時間単位）が保存されます。

表5.1 ● ヘッダチャンク

"MThd"	データサイズ（常に6）	フォーマット	トラック数	デルタタイム
MThd	00 00 00 06	00 00/00 01/00 02	00 0t	00dt

ヘッダチャンクの先頭は ASCII 文字の文字列"MThd"です。ASCII 文字の文字と数値は、表5.2 の ASCII コード表のように対応しています。表の一番左側の列は、2 桁の 16 進数で最下位の桁（右から 1 桁目）の値、表の最上部の行は 16 進数で右から 2 桁目の値を表しています（A～F は小文字で表される場合もあります）。

たとえば、文字'M' は上位ビットが 4、下位ビットが D なので、バイトの値は 16 進数で 4D、文字'T' は上位ビットが 5、下位ビットが 4 なので、バイトの値は 16 進数で 54 になります。したがって、文字列"MThd"は ASCII コード（16 進数）で「4d 54 68 64」で表されます。

ASCII 文字列の"MThd"のあとに 4 バイトのデータ長が続きますが、この値は常に 6 です。そのあとにフォーマットを示す"00 00"、"00 01"、"00 02"のいずれかが続き、そのあとにトラック数を示す 2 バイトが続きます。ヘッダチャンクの最後はデルタタイムで、これは 4 分音符あたりの分解能ともいい、4 分音符の分割数を表します（ただし 1 バイト目の最上位ビットが'1' の場合は絶対時間を表します）。

表 5.2 ● ASCII コード表（7 ビット）

	0	1	2	3	4	5	6	7
0	NUL	DLE	SP	0	@	P	`	p
1	SOH	DC1	!	1	A	Q	a	q
2	STX	DC2	"	2	B	R	b	r
3	ETX	DC3	#	3	C	S	c	s
4	EOT	DC4	$	4	D	T	d	t
5	ENQ	NAK	%	5	E	U	e	u
6	ACK	SYN	&	6	F	V	f	v
7	BEL	ETB	'	7	G	W	g	w
8	BS	CAN	(	8	H	X	h	x
9	HT	EM	)	9	I	Y	i	y
A	LF	SUB	*	:	J	Z	j	z
B	VT	ESC	+	;	K	[	k	{
C	FF	FS	,	<	L	¥	l		
D	CR	GS	–	=	M	]	m	}
E	SO	RS	.	>	N	^	n	~
F	SI	US	/	?	O	_	o	DEL

トラックチャンクには、トラックごとの情報が保存されます。

トラックチャンクの先頭は ASCII 文字の文字列"MTtr"で、そのあとに 4 バイトのデータ長が続き、そのあとに実際のトラックデータが続きます。

表 5.3 ● トラックチャンク

"MTrk"	データサイズ	トラックデータ
MTrk	00 00 00 06	...

トラックデータは、デルタタイム（直前のイベントからの相対時間）と MIDI のイベントの情報が繰り返し続きます。

5.1.2 SMF ファイルの内容

バイナリファイルを調べるときには、ファイルの各バイトを 16 進数で表示する 16 進ダンプが使われます。

Linux など UNIX 系 OS の場合は hexdump コマンドでバイナリファイルの内容を 16 進数表示にして調べることができます。

次の例は、5.2 節で作成するファイル sample.mid を「hexdump -C sample.mid」で 16 進ダンプ表示した例です。

```
$ hexdump -C sample.mid
00000000  4d 54 68 64 00 00 00 06 00 01 00 01 01 e0 4d 54  |MThd..........MT|
00000010  72 6b 00 00 00 14 00 ff 51 03 07 a1 20 00 90 40  |rk......Q... ..@|
00000020  7f 8f 00 80 40 40 00 ff 2f 00                    |....@@../.|
0000002a
$
```

Windows の場合は Windows Power Shell の Format-Hex を使った次のようなコマンドでバイナリファイルの内容を調べることができます。

```
PS C:¥sounds¥ch05> Format-Hex -Path ".¥sample.mid"
```

この場合、Format-Hex での出力は次のようになります。

```
PS C:¥sounds¥ch05> Format-Hex -Path ".¥sample.mid"


          パス: C:¥sounds¥ch05¥sample.mid
          00 01 02 03 04 05 06 07 08 09 0A 0B 0C 0D 0E 0F


00000000  4D 54 68 64 00 00 00 06 00 01 00 01 01 E0 4D 54  MThd.........àMT
00000010  72 6B 00 00 00 14 00 FF 51 03 07 A1 20 00 90 40  rk......Q..¡ .@
00000020  7F 8F 00 80 40 40 00 FF 2F 00                    . @@../.
```

> **Note** 上の例で、8F や 90 のような環境に依存した文字が定義されている文字はスペースに置き換えています。

見てわかるように、先頭はヘッダチャンクで、次のようなデータです。

```
4d 54 68 64 00 00 00 06 00 01 00 01 01 e0
```

「4d 54 68 64」は ASCII 文字では「MThd」と表されます。

続く「00 00 00 06」はこの後のデータの長さを表し、6 バイトであることを示しています。

さらに続く「00 01」はその SMF のフォーマットを表し、フォーマット 1 であることを表しています。

そのあとの「00 01」はトラック数で、1 トラックであることを表しています。

ヘッダチャンクの最後の「01 e0」はデルタタイムです。

ヘッダチャンクの後にはトラックチャンクが続きます。

```
4d 54 72 6b 00 00 00 14 00 ff 51 03 07 a1 20 00 90 40 7f 8f 00 80 40 40
00 ff 2f 00
```

最初の「4d 54 72 6b」は ASCII 文字で「MTrk」です。

続く「00 00 00 14」はトラックデータの長さで、0x14（10 進数で 20）バイトであることを示しています。

以降にはトラックのデータが 20 バイト続きます。

```
00 ff 51 03 07 a1 20 00 90 40 7f 8f 00 80 40 40 00 ff 2f 00
```

最初の「00 ff 51 03」の「00」はデルタタイム、「ff 51 03」はメタイベントと呼ばれる種類のイベントです。メタイベントは、拍子やテンポ、その他の情報（楽器名、コメント、著作者情報、歌詞など）を表します。

この場合、「FF 51 03」は続く 3 バイトのデータ「07 a1 20」でテンポ（マイクロ秒）を表します。値は 0x07a120 なので、10 進数で $500\,000\,\mu s = 0.5\,s$ が四分音符ひとつの長さです。

「00 90 40 7f」はデルタタイム 0 のときに、0 チャンネルのノートオン（0x90）で音の高さは 0x40（10 進数で 64）、音の強さ（ベロシティー）は 0x7f というイベントを生成することを表します。

次のイベントは「8f 00 80 40 40」で、これは最初の 2 バイト「8f 00」が可変長表現のデルタタイムです。

8f は 2 進数で「10001111」なので、これは値が 0x1111（10 進数で 15）で次のビットもデータバイトであることを表します。「80 40 40」は音の高さが 0x40（10 進数で 64）のノートオフイベントです。

最後の「00 ff 2f 00」はデルタタイム 0 でトラックチャンクの終わりを示します。

5.1.3　3 トラックの SMF の例

　上に示した SMF は非常に単純な例ですが、次のような曲を表すより複雑な曲の SMF を見て
みましょう。

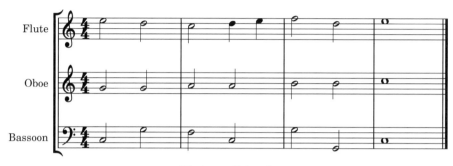

図 5.1 ● 3 重奏の曲

　Finale というアプリで作成した上記の楽譜の MIDI ファイル（バイナリファイル）の 16 進ダ
ンプを以下に示します。

```
00000000  4d 54 68 64 00 00 00 06 00 01 00 04 04 00 4d 54  |MThd..........MT|
00000010  72 6b 00 00 00 2a 00 ff 54 05 00 00 00 00 00 00  |rk...*..T.......|
00000020  ff 58 04 04 02 18 08 00 ff 59 02 00 00 00 ff 51  |.X.......Y.....Q|
00000030  03 07 a1 1f 00 ff 51 03 07 a1 23 ff 54 ff 2f 00  |......Q...#.T./.|
00000040  4d 54 72 6b 00 00 01 0f 00 ff 09 18 53 6d 61 72  |MTrk.......Smar|
00000050  74 4d 75 73 69 63 83 5c 83 74 83 67 83 56 83 93  |tMusic.¥.t.g.V..|
00000060  83 5a 20 31 00 ff 03 05 46 6c 75 74 65 00 c0 00  |.Z 1....Flute...|
00000070  00 b0 07 65 00 b0 0a 0e 00 b0 07 66 03 90 00 40  |...e.......f...@|
00000080  07 b0 01 37 00 90 4c 55 11 80 00 40 8f 36 80 4c  |...7..LU...@.6.L|
00000090  00 44 90 4a 53 8f 27 80 4a 00 48 90 48 55 8f 4d  |.D.JS.'.J.H.HU.M|
000000a0  80 48 00 44 90 4a 53 87 33 80 4a 00 44 90 4c 51  |.H.D.JS.3.J.D.LQ|
000000b0  87 30 80 4c 00 48 90 4d 55 8f 4d 80 4d 00 44 90  |.O.L.H.MU.M.M.D.|
000000c0  4a 53 8f 27 80 4a 00 2a b0 01 37 1e 90 4c 50 83  |JS.'.J.*..7..LP.|
000000d0  0e b0 01 38 6b b0 01 39 81 56 b0 01 3a 6b b0 01  |...8k..9.V..:k..|
000000e0  3b 6b b0 01 3c 6b b0 01 3d 6b b0 01 3e 6b b0 01  |;k..<k..=k..>k..|
000000f0  3f 81 56 b0 01 40 6b b0 01 41 82 48 b0 01 42 6b  |?.V..@k..A.H..Bk|
00000100  b0 01 3f 6b b0 01 3d 6b b0 01 3a 6b b0 01 38 6b  |..?k..=k..:k..8k|
00000110  b0 01 35 6b b0 01 33 6b b0 01 30 6b b0 01 2e 6b  |..5k..3k..0k...k|
00000120  b0 01 2b 6b b0 01 29 6b b0 01 27 6b b0 01 24 6b  |..+k..)k..'k..$k|
00000130  b0 01 22 6b b0 01 1f 6b b0 01 1d 6b b0 01 1a 6b  |.."k...k...k...k|
00000140  b0 01 18 6b b0 01 15 6b b0 01 13 58 80 4c 00 13  |...k...k...X.L..|
```

```
00000150 b0 01 10 05 ff 2f 00 4d 54 72 6b 00 00 01 09 00   |...../.MTrk.....|
00000160 ff 09 18 53 6d 61 72 74 4d 75 73 69 63 83 5c 83   |...SmartMusic.¥.|
00000170 74 83 67 83 56 83 93 83 5a 20 31 00 ff 03 04 4f   |t.g.V...Z 1....O|
00000180 62 6f 65 00 c1 00 00 b1 07 65 00 b1 0a 43 00 b1   |boe......e...C..|
00000190 07 66 03 90 00 40 07 b1 01 37 00 91 43 55 11 80   |.f...@...7..CU..|
000001a0 00 40 8f 79 81 43 00 01 91 43 53 8f 27 81 43 00   |.@.y.C...CS.'.C.|
000001b0 48 91 45 55 90 10 81 45 00 01 91 45 53 8f 27 81   |H.EU...E...ES.'.|
000001c0 45 00 48 91 47 55 90 10 81 47 00 01 91 47 53 8f   |E.H.GU...G...GS.|
000001d0 27 81 47 00 2a b1 01 37 1e 91 48 50 83 02 b1 01   |'.G.*..7..HP....|
000001e0 38 68 b1 01 39 81 50 b1 01 3a 68 b1 01 3b 68 b1   |8h..9.P..:h..;h.|
000001f0 01 3c 68 b1 01 3d 68 b1 01 3e 68 b1 01 3f 81 50   |.<h..=h..>h..?.P|
00000200 b1 01 40 68 b1 01 41 82 4d b1 01 42 68 b1 01 3f   |..@h..A.M..Bh..?|
00000210 68 b1 01 3d 68 b1 01 3a 68 b1 01 38 68 b1 01 36   |h..=h..:h..8h..6|
00000220 68 b1 01 33 68 b1 01 31 68 b1 01 2f 68 b1 01 2c   |h..3h..1h../h..,|
00000230 68 b1 01 2a 68 b1 01 28 68 b1 01 25 68 b1 01 23   |h..*h..(h..%h..#|
00000240 68 b1 01 21 68 b1 01 1e 68 b1 01 1c 68 b1 01 1a   |h..!h...h...h...|
00000250 68 b1 01 17 68 b1 01 15 68 b1 01 13 51 81 48 00   |h...h...h...Q.H.|
00000260 17 b1 01 10 01 ff 2f 00 4d 54 72 6b 00 00 01 06   |...../.MTrk....|
00000270 00 ff 09 18 53 6d 61 72 74 4d 75 73 69 63 83 5c   |....SmartMusic.¥|
00000280 83 74 83 67 83 56 83 93 83 5a 20 31 00 ff 03 07   |.t.g.V...Z 1....|
00000290 42 61 73 73 6f 6f 6e 00 c2 00 00 b2 07 65 00 b2   |Bassoon......e..|
000002a0 0a 78 00 b2 07 66 03 90 00 40 07 b2 01 37 00 92   |.x...f...@...7..|
000002b0 30 55 11 80 00 40 8f 36 82 30 00 44 92 37 53 8f   |0U...@.6.0.D.7S.|
000002c0 27 82 37 00 48 92 35 55 8f 4d 82 35 00 44 92 30   |'.7.H.5U.M.5.D.0|
000002d0 53 8f 27 82 30 00 48 92 37 55 8f 4d 82 37 00 44   |S.'.0.H.7U.M.7.D|
000002e0 92 2b 53 8f 27 82 2b 00 2a b2 01 37 1e 92 30 50   |.+S.'.+.*..7..0P|
000002f0 83 06 b2 01 38 81 52 b2 01 39 69 b2 01 3a 81 52   |....8.R..9i..:.R|
00000300 b2 01 3b 69 b2 01 3c 69 b2 01 3d 69 b2 01 3e 81   |..;i..<i..=i..>.|
00000310 52 b2 01 3f 69 b2 01 40 81 52 b2 01 41 82 48 b2   |R..?i..@.R..A.H.|
00000320 01 42 67 b2 01 3f 67 b2 01 3c 67 b2 01 3a 67 b2   |.Bg..?g..<g..:g.|
00000330 01 37 67 b2 01 35 67 b2 01 32 67 b2 01 2f 67 b2   |.7g..5g..2g../g.|
00000340 01 2d 67 b2 01 2a 67 b2 01 28 67 b2 01 25 67 b2   |.-g..*g..(g..%g.|
00000350 01 23 67 b2 01 20 67 b2 01 1d 67 b2 01 1b 67 b2   |.#g.. g...g...g.|
00000360 01 18 67 b2 01 16 67 b2 01 13 57 82 30 00 10 b2   |..g...g...W.0...|
00000370 01 11 08 ff 2f 00                                 |..../.|
00000376
```

　網をかけた部分が各チャンクの先頭で、ヘッダチャンクとトラックのチャンクが3つあることがわかります。

　このMIDIファイルには、音の情報以外にもさまざまな情報が含まれています。たとえば、Flute（フルート）、Oboe（オーボエ）、Bassoon（バスーン、ファゴット）のような楽器の情報

も ASCII 文字で含まれていますが、これらをどのように取り扱うのかは、この MIDI ファイルを扱うアプリに委ねられています。実際、ほとんどの MIDI 再生アプリでは、この MIDI ファイルを再生するときに、これらの楽器の情報は無視して、単にピアノ（またはその他のデフォルトの音色）で再生されるでしょう。

5.2　SMF の作成

　SMF は規則に従ってバイナリエディタで 1 バイトずつ入力してゆけば作成することが理論的には可能ですが、Mido を使えばより簡単な方法で生成することができます。

5.2.1　Mido による SMF の生成

　ここでは、きわめて単純な標準 MIDI ファイルを作ってみます。
　最初に MIDI ファイルを作成します。

```
mid = mido.MidiFile()
```

　次にトラックを作成して MIDI ファイルに追加します。

```
track = mido.MidiTrack()
mid.tracks.append(track)
```

　mido.bpm2tempo() を使って BPM=120 にテンポを設定します。

```
track.append(mido.MetaMessage('set_tempo', tempo=mido.bpm2tempo(120)))
```

　ノートオンメッセージを使って、たとえばミの音を鳴らします。

```
track.append(mido.Message('note_on', note=64, velocity=127, time=0))
```

　鳴らす音の長さは、ノートオンからのデルタタイムで指定します。ここでは、4 分音符で 4 拍分鳴らしたあとに音を止めるために、4 拍後（time が 4×480）になったらノートオフを生成するようにします。

```
track.append(mido.Message('note_off', note=64, time=4*480))
```

こうしてできた MIDI ファイルの内容を save() でファイルに保存します。

```
mid.save('sample.mid')
```

プログラム全体は次のようになります。

リスト 5.1　createSMF.py

```
import mido

mid = mido.MidiFile()

# トラックを作成する
track = mido.MidiTrack()
mid.tracks.append(track)
# テンポを設定する
track.append(mido.MetaMessage('set_tempo', tempo=mido.bpm2tempo(120)))
# ミを鳴らす
track.append(mido.Message('note_on', note=64, velocity=127, time=0))
# 4拍後にノートオフ
track.append(mido.Message('note_off', note=64, time=4*480))
# ファイルに保存する
mid.save('sample.mid')
```

　こうして生成された MIDI ファイルは、Windows Media Player のようなアプリで再生することができます。

5.2.2　メロディーの SMF の作成

　次の例は、図 5.2 に示すような単純なメロディーを含む SMF を生成する例です。

図 5.2 ● 単純なメロディーの例

　このようなメロディーの SMF は、単に音の高さと音の長さを指定したノートオンとノートオフを次のように並べるだけで作成できます。

```python
# ドを鳴らす
track.append(mido.Message('note_on', note=60, velocity=127, time=0))
# 2拍後にノートオフ
track.append(mido.Message('note_off', note=60, time=2*480))
# ミを鳴らす
track.append(mido.Message('note_on', note=64, velocity=127, time=0))
# 1拍後にノートオフ
track.append(mido.Message('note_off', note=64, time=480))
# ソを鳴らす
track.append(mido.Message('note_on', note=67, velocity=127, time=0))
# 1拍後にノートオフ
track.append(mido.Message('note_off', note=67, time=480))
# ドを鳴らす
track.append(mido.Message('note_on', note=60, velocity=127, time=0))
# 4拍後にノートオフ
track.append(mido.Message('note_off', note=60, time=4*480))
```

　プログラム全体は次のようになります。

リスト 5.2　createmelo.py

```python
import mido

mid = mido.MidiFile()

# トラックを作成する
track = mido.MidiTrack()
mid.tracks.append(track)
# テンポを設定する
track.append(mido.MetaMessage('set_tempo', tempo=mido.bpm2tempo(120)))
# ドを鳴らす
track.append(mido.Message('note_on', note=60, velocity=127, time=0))
# 2拍後にノートオフ
track.append(mido.Message('note_off', note=60, time=2*480))
# ミを鳴らす
track.append(mido.Message('note_on', note=64, velocity=127, time=0))
# 1拍後にノートオフ
track.append(mido.Message('note_off', note=64, time=480))
```

```
# ソを鳴らす
track.append(mido.Message('note_on', note=67, velocity=127, time=0))
# 1拍後にノートオフ
track.append(mido.Message('note_off', note=67, time=480))
# ドを鳴らす
track.append(mido.Message('note_on', note=60, velocity=127, time=0))
# 4拍後にノートオフ
track.append(mido.Message('note_off', note=60, time=4*480))
# ファイルに保存する
mid.save('midimelo.mid')
```

5.3 SMF の再生

Mido には標準 MIDI ファイルを再生する機能も提供されています。

5.3.1 Mido による SMF の再生

ここでは Mido の機能を使って単純な標準 MIDI ファイルの内容を再生するプログラムを作ります。

最初に、mido と time をインポートします。

```
import mido
import time
```

そして Mido の出力ポートを開きます。

```
outports = mido.get_output_names()
out_port = mido.open_output(outports[0])
```

mido.MidiFile() を使ってファイルを読み込みます。たとえば、Python のインタラクティブシェルで先に作成した'midimelo.mid' を開いて読み込むと次のような一連のデータが読み込まれます。

```
>>> mido.MidiFile('midimelo.mid')
MidiFile(type=1, ticks_per_beat=480, tracks=[
  MidiTrack([
    MetaMessage('set_tempo', tempo=500000, time=0),
    Message('note_on', channel=0, note=60, velocity=127, time=0),
    Message('note_off', channel=0, note=60, velocity=64, time=960),
    Message('note_on', channel=0, note=64, velocity=127, time=0),
    Message('note_off', channel=0, note=64, velocity=64, time=480),
    Message('note_on', channel=0, note=67, velocity=127, time=0),
    Message('note_off', channel=0, note=67, velocity=64, time=480),
    Message('note_on', channel=0, note=60, velocity=127, time=0),
    Message('note_off', channel=0, note=60, velocity=64, time=1920),
    MetaMessage('end_of_track', time=0)])
])
```

この MIDI トラックの中のメッセージを変数 msg にひとつずつ取り出して、デルタタイム
(msg.time) だけ time.sleep() でスリープしてから、メッセージがメタメッセージでなけれ
ば out_port.send() でメッセージを出力に送ることを繰り返します。

```
for msg in mido.MidiFile('midimelo.mid'):
    time.sleep(msg.time)
    if not msg.is_meta:
        out_port.send(msg)
```

最後にポートを閉じます。

```
out_port.close()
```

プログラム全体は次のようになります。

リスト 5.3　playSMF.py

```
import mido
import time

outports = mido.get_output_names()
out_port = mido.open_output(outports[0])

for msg in mido.MidiFile('midimelo.mid'):
```

```
        time.sleep(msg.time)
        if not msg.is_meta:
            out_port.send(msg)

out_port.close()
```

次のコマンドで SMF ファイル midimelo.mid の内容が再生されます。

```
>python playSMF.py
```

第6章

Waveform オーディオ

ここでは、Waveform オーディオでオーディオ
を生成する方法について説明します。

6.1 基礎知識

Waveform オーディオでは、音の具体的な波形を作成して音を鳴らします。

6.1.1 PyAudio

Waveform オーディオを扱うときには、PortAudio を使うことができます。これは、さまざまな機能を持ったオーディオ I/O ライブラリです。これを Python から使えるようにするモジュールが PyAudio です。

Python のプログラムで PyAudio を使えば、オーディオを再生したり録音したりすることが容易にできます。

PyAudio を使うには、pyaudio をインストールする必要があります。

```
>python -m pip install pyaudio
```

また波形を計算するために、numpy というライブラリも使うので、これもインストールします。

```
>python -m pip install numpy
```

pyaudio を使い、波形データを用意すると、次のような流れでオーディオを鳴らすことができます（実際のコード例は 6.2 節以降で示します）。

```python
# PyAudioオブジェクトを作成する
p = pyaudio.PyAudio()

# streamを作成する
stream = p.open( パラメーター)

# 音を鳴らす
stream.start_stream()
```

6.1.2 波形データの生成

ここでは波形を表す一連のデータを生成する方法を説明します。

XY 座標系に波形を描くとすると、必要なのは X 座標の一連の値と、それに対応する Y 座標

の一連の値です。

一連の X 座標の値は、numpy.linspace() を使って生成することができます。たとえば、0（ゼロ）から 10 までで、要素数 10 の等差数列を生成するには次のようにします。

```
x = np.linspace(0, 10, 10)
```

Python のインタラクティブシェルで実行すると次のようになります。

```
>>> import numpy as np
>>>
>>> x = np.linspace(0, 10, 10)
>>> x
array([ 0.        ,  1.11111111,  2.22222222,  3.33333333,  4.44444444,
        5.55555556,  6.66666667,  7.77777778,  8.88888889, 10.        ])
>>>
```

これで x に 10 個の要素を持つ配列ができました。

Y 軸の値は、たとえばサイン（sin）の波形を生成するなら、次の式で作成することができます。

```
y = np.sin(x)
```

Python のインタラクティブシェルで実行すると次のようになります。

```
>>> y = np.sin(x)
>>> y
array([ 0.        ,  0.8961922 ,  0.79522006, -0.19056796, -0.96431712,
       -0.66510151,  0.37415123,  0.99709789,  0.51060568, -0.54402111])
```

これで x の 10 個の要素に対応する、10 個の値を持つ配列 y ができました。

これらのデータを使って、matplotlib.pyplot.plot() を呼び出してグラフにしてみます。

```
>>> import matplotlib.pyplot as plt
>>> plt.plot(x, y)
>>> plt.show()
```

図 6.1 のようなグラフが表示されます。

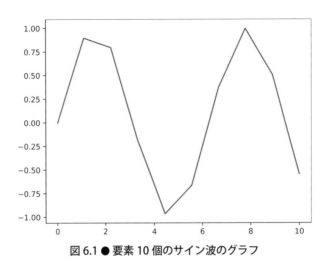

図 6.1 ● 要素 10 個のサイン波のグラフ

サイン波にしては滑らかな曲線ではありませんが、これは実際の数値を見てわかるようにするために要素数を減らしたためです。

要素数を増やして 100 にして同じことを繰り返してみましょう。

リスト 6.1　sin.py

```python
import numpy as np
import matplotlib.pyplot as plt

x = np.linspace(0, 10, 100)
y = np.sin(x)

plt.plot(x, y)
plt.show()
```

図 6.2 のようなグラフが表示されます。

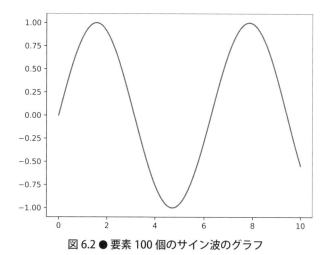

図 6.2 ● 要素 100 個のサイン波のグラフ

このようにして波形のための一連のデータを作成することができます。

6.2　サイン波

サイン波（正弦波とも呼ばれる）は最も基本的な Waveform 波形です。

6.2.1　sin のグラフ

　最初に、横軸（X 軸）に時間経過を、縦軸（Y 軸）に振幅を示す、図 6.3 のようなサイン波の
グラフを描いてみましょう。ただし、このときの横軸を時間軸 t とし、値の範囲を 0〜4 π に
します。

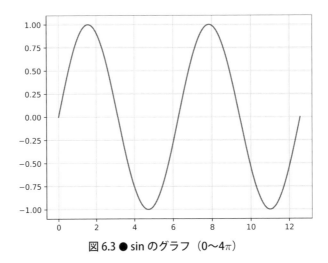

図 6.3 ● sin のグラフ（0〜4π）

最初に `numpy.linspace()` を使って 0（ゼロ）から 4π までで、要素数 500 の等差数列を配列変数 `t` の値として生成します。

```
import numpy as np

t = np.linspace(0, 4 * np.pi, 500)
```

これで生成されるのが一連の時間軸の値です。

Note π の値は `math.pi` を使っても構いませんが、ここでは数学のモジュール `numpy` を使います。

そして、`matplotlib.pyplot.plot()` で曲線を描きます。

```
import matplotlib.pyplot as plt

plt.plot(x, np.sin(t))
plt.show()
```

描いたものは `matplotlib.pyplot.show()` で表示されます。

なお、ここでは値がわかるように `matplotlib.pyplot.grid()` で濃さが 0.8 のグリッドも描いておきます。

```
plt.grid(color = '0.8')
```

サイン波を描くプログラム全体は次のようになります。

リスト 6.2　sinplot.py

```
import matplotlib.pyplot as plt
import numpy as np

t = np.linspace(0, 4 * np.pi, 500)

plt.plot(t, np.sin(t))
plt.grid(color = '0.8')  # グリッドを描画する
plt.show()
```

これを実行すると、図 6.3 に示したサイン波形のグラフが描かれます。

サイン波がどのようなものかわかったので、次にこれを音として鳴らすプログラムを作成します。

6.2.2　サイン波を鳴らすプログラム

最初にサンプリング周波数を 44 100 Hz として（FS = 44100）、1 秒間分のサイン波のデータを生成します。

```
# サイン波の生成
freq = 440  # 周波数 Hz
sec = 1     # 信号の長さ（秒）

t = np.linspace(0, sec, FS * sec +1)
```

縦軸の値はここでは変数 wave に保存します。

```
wave = np.sin(2 * np.pi * freq * t)
```

あとの操作の都合上、値を 16 ビット整数の範囲にします。

```
wave = np.rint(32767 * wave / max(abs(wave)))
wave = wave.astype(np.int16)
```

サイン波を生成したら、続いて pyaudio.PyAudio オブジェクトを作成します。

```
p = pyaudio.PyAudio()
```

そして、pyaudio.PyAudio クラスの open() でストリームを作成します。このとき、引数には、フォーマット（format）、サンプリング周波数（rate）、チャンネル（channels）、出力するかどうか（output）、バッファの中のフレーム数（frames_per_buffer）、そしてコールバック関数（stream_callback）を指定します。

```
stream = p.open(format = pyaudio.paInt16, rate = FS, channels = 1,
                output = True, frames_per_buffer = len(wave),
                stream_callback = callback)
```

Note　open() については、https://people.csail.mit.edu/hubert/pyaudio/docs/ も参照してください。

Python ではキーワード def を使って呼び出し可能な関数を定義することができます。open() で呼び出されるように設定するコールバック関数を次のように作成します。

```
def callback(in_data, frame_count, time_info, status):
    data = wave
    return (data, pyaudio.paContinue)
```

ストリームができたら、ストリームをスタートします。

```
stream.start_stream()
```

約 1 秒待ってストリームを終了して後始末をします。

```
for i in range(10):
    time.sleep(0.1)
```

```
stream.stop_stream()
stream.close()
p.terminate()
```

プログラム全体は次のようになります。

リスト 6.3 playsin.py

```python
import pyaudio
import time
import numpy as np

wave = 0
FS = 44100  # サンプリング周波数（Hz）

# コールバック
def callback(in_data, frame_count, time_info, status):
    data = wave
    return (data, pyaudio.paContinue)

def main():
    # サイン波の生成
    global wave
    freq = 440  # 周波数 Hz
    sec  = 1    # 信号の長さ（秒）

    t = np.linspace(0, sec, FS * sec +1)
    wave = np.sin(2 * np.pi * freq * t)

    # 値を16ビット整数の範囲にする
    wave = np.rint(32767 * wave / max(abs(wave)))
    wave = wave.astype(np.int16)

    p = pyaudio.PyAudio()

    stream = p.open(format = pyaudio.paInt16, rate = FS, channels = 1,
                    output = True, frames_per_buffer = len(wave),
                    stream_callback = callback)

    stream.start_stream()
```

```
        for i in range(10):
            time.sleep(0.1)

        stream.stop_stream()
        stream.close()
        p.terminate()

if __name__ == '__main__':
    main()
```

このプログラムを実行すると、440 Hz のサイン波が 1 秒間鳴ります。

6.2.3　振幅の変更

波の最大振幅は音の大きさを表します。そのため、振幅を変えることによって音の大きさを変えることができます。

最初に減衰するサイン波を描くプログラムを考えてみます。

通常のサイン波を描くときの y の値を求める式は次の通りです。

```
y = np.sin(t)
```

振幅を少なくして行けば波も減衰できるので、たとえば振幅を 10. から 0.2 まで減衰するなら次の式をかけます。

```
1.0 - 0.8 * t /(4.0 * np.pi)
```

つまり、y を計算する式は次のようになります。

```
y = (1.0 - 0.8 * t / (4.0 * np.pi)) * np.sin(t)
```

振幅を減らしながらサイン波を描くプログラムは次のようになります。

リスト 6.4　attensinplot.py

```
import matplotlib.pyplot as plt
import numpy as np
```

```
t = np.linspace(0, 4 * np.pi, 500)
y = (1.0 - 0.8 * t /(4.0 * np.pi) ) * np.sin(t)
plt.plot(t, y)

plt.grid(color = '0.8') # グリッドを描画する
plt.show()
```

このプログラムでグラフを描くと図 6.4 のようになります。

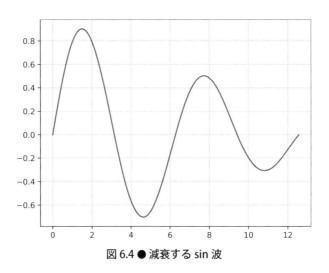

図 6.4 ● 減衰する sin 波

　サイン波を生成するプログラム playsin.py を変更して音が減衰するようにしてみましょう。
　元のサイン波の生成コードは次の通りでした。

```
wave = np.sin(2 * np.pi * freq * t)
```

　これを変更して、振幅を最初は 1 にし、sec 秒後に 0 にする式（1.0 - t/sec）を振幅を計算する式にかけます。

```
wave = (1.0 - t /sec) * np.sin(2 * np.pi * freq * t)
```

　音を鳴らしている時間も長くします。

```
sec = 5    # 信号の長さ（秒）
```

　これで5秒間で減衰してゼロになるサイン波を生成する部分だけを後で呼び出せるように関数として定義すると、次のようになります。

```
def gen_sinewave():
    global wave
    freq = 440  # 周波数 Hz
    sec  = 5    # 信号の長さ（秒）

    t = np.linspace(0, sec, FS * sec + 1)
    # wave = np.sin(2 * np.pi * freq * t)
    wave = (1.0 - t /sec) * np.sin(2 * np.pi * freq * t)
    # 値を16ビット整数の範囲にする
    wave = np.rint(32767 * wave / max(abs(wave)))
    wave = wave.astype(np.int16)
```

　プログラム全体は次のようになります。

リスト 6.5　attensin.py

```
import pyaudio
import time
import numpy as np

wave = 0
FS = 44100  # サンプリング周波数（Hz）

# サイン波の生成
def gen_sinewave():
    global wave
    freq = 440  # 周波数 Hz
    sec  = 5    # 信号の長さ（秒）

    t = np.linspace(0, sec, FS * sec + 1)
    # wave = np.sin(2 * np.pi * freq * t)
    wave = (1.0 - t /sec) * np.sin(2 * np.pi * freq * t)
    # 値を16ビット整数の範囲にする
    wave = np.rint(32767 * wave / max(abs(wave)))
    wave = wave.astype(np.int16)
```

```
# コールバック
def callback(in_data, frame_count, time_info, status):
    data = wave
    return (data, pyaudio.paContinue)

def main():
    gen_sinewave()
    p = pyaudio.PyAudio()

    stream = p.open(format = pyaudio.paInt16, rate = FS, channels = 1,
                    output=True, frames_per_buffer = len(wave),
                    stream_callback=callback)

stream.start_stream()

for i in range(50):
    time.sleep(0.1)

stream.stop_stream()
stream.close()
p.terminate()

if __name__ == '__main__':
    main()
```

　このプログラムを実行すると、440 Hz のサイン波が鳴って、5 秒間かけて減衰して無音になります。

6.3 さまざまな波形

　ここではさまざまな波形の音を鳴らすプログラムを作成してみます。

6.3.1 矩形波

　矩形波（Square wave）は、図 6.5 に示すような垂直に立ち上がって垂直にゼロに戻る、グラフに描くと矩形（長方形）が連続しているように見える波形です。

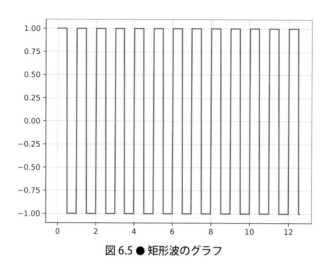

図6.5 ● 矩形波のグラフ

このグラフを描くプログラムは次のように作ります。

リスト 6.6　squareplot.py

```python
import matplotlib.pyplot as plt
import numpy as np
import scipy.signal

t = np.linspace(0, 4 * np.pi, 500)

plt.plot(t, scipy.signal.square(2.0 * np.pi*t))
plt.grid(color = '0.8')      # グリッドを描画する
plt.show()
```

なお、波形の数値計算のために数値解析モジュール scipy をインポートするので、あらかじめこれをインストールしておく必要があります。

```
python -m pip install scipy
```

矩形波を鳴らすプログラムは、サイン波を鳴らすプログラムの波形生成のところだけ変えます。

```
# 矩形波の生成
def gen_squarewave():
    global wave
    freq = 440  # 周波数 Hz
    sec  = 1    # 信号の長さ（秒）

    t = np.linspace(0, sec, FS * sec +1)
    wave = scipy.signal.square(2.0 * np.pi * freq * t)
    # 値を16ビット整数の範囲にする
    wave = np.rint(32767 * wave / max(abs(wave)))
    wave = wave.astype(np.int16)
```

プログラム全体は次のようになります。

リスト 6.7　playsquare.py

```
import pyaudio
import time
import numpy as np
import scipy.signal

wave = 0
FS = 44100  # サンプリング周波数（Hz）

# 矩形波の生成
def gen_squarewave():
    global wave
    freq = 440  # 周波数 Hz
    sec  = 1    # 信号の長さ（秒）

    t = np.linspace(0, sec, FS * sec +1)
    wave = scipy.signal.square(2.0 * np.pi * freq * t)

    # 値を16ビット整数の範囲にする
    wave = np.rint(32767 * wave / max(abs(wave)))
    wave = wave.astype(np.int16)

# コールバック
def callback(in_data, frame_count, time_info, status):
    data = wave
    return (data, pyaudio.paContinue)
```

```python
def main():
    gen_squarewave()
    p = pyaudio.PyAudio()

    stream = p.open(format = pyaudio.paInt16, rate = FS, channels = 1,
                    output=True, frames_per_buffer = len(wave),
                    stream_callback=callback)

    stream.start_stream()

    for i in range(10):
        time.sleep(0.1)

    stream.stop_stream()
    stream.close()
    p.terminate()

if __name__ == '__main__':
    main()
```

6.3.2　ノコギリ波

ノコギリ波（sawtooth）は、図 6.6 に示すような波形です。

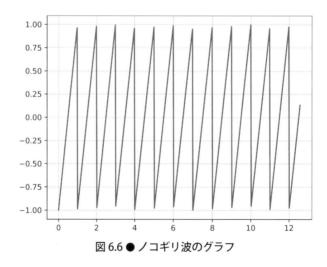

図 6.6 ● ノコギリ波のグラフ

このグラフを描くプログラムは次のように作ります。

リスト 6.8 sawplot.py

```python
import matplotlib.pyplot as plt
import numpy as np
import scipy.signal

t = np.linspace(0, 4 * np.pi, 500)

plt.plot(t, scipy.signal.sawtooth(2.0 * np.pi*t))
plt.grid(color = '0.8')      # グリッドを描画する
plt.show()
```

ノコギリ矩形波を生成するところは次のようにします。

```python
# 矩形波の生成
def gen_squarewave():
    global wave
    freq = 440  # 周波数 Hz
    sec  = 1    # 信号の長さ（秒）

    t = np.linspace(0, sec, FS * sec +1)
    wave = scipy.signal.sawtooth(2.0 * np.pi * freq * t)
    # 値を16ビット整数の範囲にする
    wave = np.rint(32767 * wave / max(abs(wave)))
    wave = wave.astype(np.int16)
```

プログラム全体は次のようになります。

リスト 6.9 playsaw.py

```python
import pyaudio
import time
import numpy as np
import scipy.signal

wave = 0
FS = 44100   # サンプリング周波数（Hz）
```

```python
# 矩形波の生成
def gen_squarewave():
    global wave
    freq = 440   # 周波数 Hz
    sec  = 1     # 信号の長さ（秒）

    t = np.linspace(0, sec, FS * sec +1)
    wave = scipy.signal.sawtooth(2.0 * np.pi * freq * t)
    # 値を16ビット整数の範囲にする
    wave = np.rint(32767 * wave / max(abs(wave)))
    wave = wave.astype(np.int16)

# コールバック
def callback(in_data, frame_count, time_info, status):
    data = wave
    return (data, pyaudio.paContinue)

def main():
    gen_squarewave()
    p = pyaudio.PyAudio()

    stream = p.open(format = pyaudio.paInt16, rate = FS, channels = 1,
                    output=True, frames_per_buffer = len(wave),
                    stream_callback=callback)

    stream.start_stream()

    for i in range(10):
        time.sleep(0.1)

    stream.stop_stream()
    stream.close()
    p.terminate()

if __name__ == '__main__':
    main()
```

6.4　サイン波の合成

それぞれの波の同じ時刻の値を加算することで、複数の波を合成することができます。

6.4.1　倍音の合成

次のような性質の異なる2種類のサイン波を描きましょう。

一つ目は、最大の振幅が0.7で、sin(t)で変化する波を描きます。

```
plt.plot(t, 0.7 * np.sin(t))
```

ふたつ目は、最大の振幅が0.2で、sin(t)の5倍の振動をする波を描きます。

```
plt.plot(t, 0.2 * np.sin(5 * t))
```

次のプログラム例は、この2種類のサイン波を同じグラフに描くプログラムです。

リスト 6.10　sin5plot.py

```python
import matplotlib.pyplot as plt
import numpy as np

t = np.linspace(0, 10 * np.pi, 500)

plt.plot(t, 0.7 * np.sin(t))
plt.plot(t, 0.2 * np.sin(5 * t))
plt.grid(color = '0.8') # グリッドを描画する
plt.show()
```

グラフは図6.7のようになります。

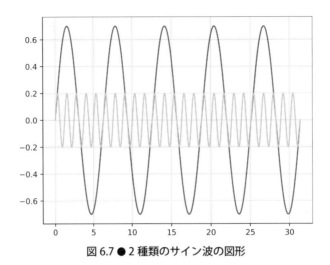

図 6.7 ● 2 種類のサイン波の図形

　合成するには、それぞれの波形の同じ時刻の値を加算します。たとえば、上のふたつのサイン波を合成してグラフを描くときには、振幅の計算に次のような式を使います。

```
0.7 * np.sin(t) + 0.2 * np.sin(5 * t)
```

　この式を使って合成した波形を描くプログラムは次のようになります。

リスト 6.11　synthe5sinplot.py

```
import matplotlib.pyplot as plt
import numpy as np

t = np.linspace(0, 10 * np.pi, 500)

plt.plot(t, 0.7 * np.sin(t) + 0.2 * np.sin(5 * t))
plt.grid(color = '0.8') # グリッドを描画する
plt.show()
```

　合成した波形は図 6.8 に示す通りです。

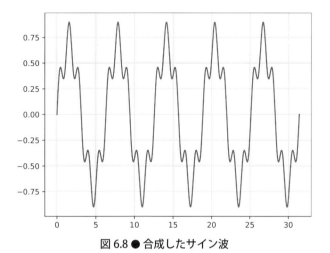

図 6.8 ● 合成したサイン波

この場合、合成した波の波長は最初のサイン波と同じですが、波形が異なります。

ふたつのサイン波を合成した音を鳴らすプログラムは次のようになります。

プログラム全体は次のようになります。

リスト 6.12　synthe5sin.py

```python
import pyaudio
import time
import numpy as np


wave = 0
FS = 44100   # サンプリング周波数（Hz）

# 合成した波の生成
def gen_wave():
    global wave
    freq = 440  # 周波数 Hz
    sec  = 1    # 信号の長さ（秒）

    t = np.linspace(0, sec, FS * sec +1)
    wave = 0.7 * np.sin(np.pi * freq * t) + 0.2 * np.sin(5 * np.pi * freq * t)
    # 値を16ビット整数の範囲にする
    wave = np.rint(32767 * wave / max(abs(wave)))
    wave = wave.astype(np.int16)
```

```
# コールバック
def callback(in_data, frame_count, time_info, status):
    data = wave
    return (data, pyaudio.paContinue)

def main():
    gen_wave()
    p = pyaudio.PyAudio()

    stream = p.open(format = pyaudio.paInt16, rate = FS, channels = 1,
                    output=True, frames_per_buffer = len(wave),
                    stream_callback=callback)

    stream.start_stream()

    for i in range(10):
        time.sleep(0.1)

    stream.stop_stream()
    stream.close()
    p.terminate()

if __name__ == '__main__':
    main()
```

6.4.2　低音の合成

ふたつ目の音として、より波長の長いサイン波を合成することもできます。

一つ目は、これまでに見てきた、最大の振幅が 0.7 で、sin(t) で変化する波です。

```
plt.plot(t, 0.7 * np.sin(t))
```

ふたつ目は、最大の振幅が 0.6 で、sin(4.0 / 6.0 * t) で変化する波にします。

```
plt.plot(t, 0.6 * np.sin(4.0 / 6.0 * t))
```

次のプログラム例は、この 2 種類のサイン波を同じグラフに描くプログラムです。

リスト 6.13　2sinplot.py

```python
import matplotlib.pyplot as plt
import numpy as np

t = np.linspace(0, 10 * np.pi, 500)

plt.plot(t, 0.7 * np.sin(t))
plt.plot(t, 0.6 * np.sin(4.0 / 6.0 * t))
plt.grid(color = '0.8') # グリッドを描画する
plt.show()
```

グラフは図 6.9 のようになります。

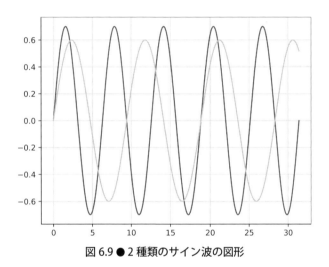

図 6.9 ● 2 種類のサイン波の図形

　合成するには、それぞれの波形の同じ時刻の値を加算します。たとえば、上のふたつのサイン波を合成してグラフを描くときには、振幅の計算に次のような式を使います。

```python
0.7 * np.sin(t) + 0.6 * np.sin(4.0 / 6.0 * t)
```

　この式を使って合成した波形を描くプログラムは次のようになります。

リスト 6.14 　synthesinplot.py

```python
import matplotlib.pyplot as plt
import numpy as np

t = np.linspace(0, 10 * np.pi, 500)

plt.plot(t, 0.7 * np.sin(t) + 0.6 * np.sin(4.0 / 6.0 * t))
plt.grid(color = '0.8') # グリッドを描画する
plt.show()
```

合成した波形は図 6.10 に示す通りです。

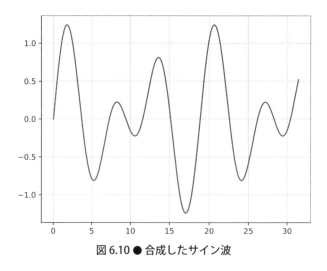

図 6.10 ● 合成したサイン波

　この場合、合成した波の波長は最初のサイン波よりも長くなります。その結果、鳴る音の周波数も低くなります。

　ふたつのサイン波を合成した音を鳴らすプログラムは次のようになります。

　プログラム全体は次のようになります。

リスト 6.15 　synthesin.py

```python
import pyaudio
import time
import numpy as np
```

```
wave = 0
FS = 44100  # サンプリング周波数（Hz）

# 合成した波の生成
def gen_wave():
    global wave
    freq = 440  # 周波数 Hz
    sec  = 1    # 信号の長さ（秒）

    t = np.linspace(0, sec, FS * sec +1)
    wave = 0.7 * np.sin(np.pi * freq * t) + 0.6 * np.sin(4.0 / 6.0 * np.pi * freq
                                                                            * t)

    # 値を16ビット整数の範囲にする
    wave = np.rint(32767 * wave / max(abs(wave)))
    wave = wave.astype(np.int16)

# コールバック
def callback(in_data, frame_count, time_info, status):
    data = wave
    return (data, pyaudio.paContinue)

def main():
    gen_wave()
    p = pyaudio.PyAudio()

    stream = p.open(format = pyaudio.paInt16, rate = FS, channels = 1,
                    output=True, frames_per_buffer = len(wave),
                    stream_callback=callback)

    stream.start_stream()

    for i in range(10):
        time.sleep(0.1)

    stream.stop_stream()
    stream.close()
    p.terminate()

if __name__ == '__main__':
    main()
```

6.4.3　3種類のサイン波の合成

　合成する波は2種類以上でもかまいません。以下に示すような性質の異なる3種類のサイン波を合成してみましょう。

　一つ目は、最大の振幅が 0.7 で、sin(t) で変化する波を描きます。

```
plt.plot(t, 0.7 * np.sin(t))
```

　ふたつ目は、最大の振幅が 0.3 で、sin(t) の2倍の振動をする波を描きます。

```
plt.plot(t, 0.3 * np.sin(2 * t))
```

　さらに、最大の振幅が 0.2 で、sin(t) の5倍の振動をする波を描きます。

```
plt.plot(t, 0.2 * np.sin(5 * t))
```

　次のプログラム例は、この2種類のサイン波を同じグラフに描くプログラムです。

リスト 6.16　sin25plot.py

```
import matplotlib.pyplot as plt
import numpy as np

t = np.linspace(0, 10 * np.pi, 500)

plt.plot(t, 0.7 * np.sin(t))
plt.plot(t, 0.3 * np.sin(2 * t))
plt.plot(t, 0.2 * np.sin(5 * t))
plt.grid(color = '0.8') # グリッドを描画する
plt.show()
```

　グラフは図 6.11 のようになります。

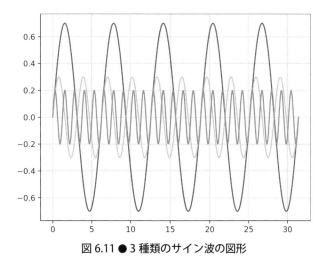

図 6.11 ● 3 種類のサイン波の図形

　合成するには、それぞれの波形の同じ時刻の値を加算します。たとえば、上のふたつのサイン波を合成してグラフを描くときには、振幅の計算に次のような式を使います。

```
0.7 * np.sin(t) + 0.2 * np.sin(3 * t) + 0.2 * np.sin(5 * t)
```

　この式を使って合成した波形を描くプログラムは次のようになります。

リスト 6.17　synthe25sinplot.py

```
import matplotlib.pyplot as plt
import numpy as np

t = np.linspace(0, 10 * np.pi, 500)

plt.plot(t, 0.7 * np.sin(t) + 0.3 * np.sin(2 * t) + 0.2 * np.sin(5 * t))
plt.grid(color = '0.8') # グリッドを描画する
plt.show()
```

　合成した波形は図 6.12 に示す通りです。

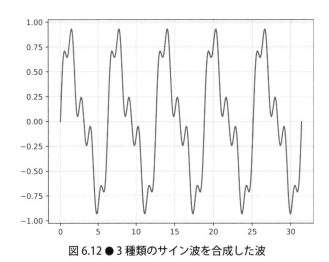

図 6.12 ● 3 種類のサイン波を合成した波

この場合、合成した波の波長は最初のサイン波と同じですが、波形が異なります。

三つのサイン波を合成した音を鳴らすプログラムは次のようになります。

プログラム全体は次のようになります。

リスト 6.18　synthe25play.py

```python
import pyaudio
import time
import numpy as np


wave = 0
FS = 44100   # サンプリング周波数（Hz）

# 合成した波の生成
def gen_wave():
    global wave
    freq = 440   # 周波数 Hz
    sec  = 1     # 信号の長さ（秒）

    t = np.linspace(0, sec, FS * sec +1)
    wave = 0.7 * np.sin(np.pi * freq * t) + 0.3 * np.sin(
                2 * np.pi * freq * t) + 0.2 * np.sin(5 * np.pi * freq * t)
    # 値を16ビット整数の範囲にする
    wave = np.rint(32767 * wave / max(abs(wave)))
    wave = wave.astype(np.int16)
```

```
# コールバック
def callback(in_data, frame_count, time_info, status):
    data = wave
    return (data, pyaudio.paContinue)

def main():
    gen_wave()
    p = pyaudio.PyAudio()

    stream = p.open(format = pyaudio.paInt16, rate = FS, channels = 1,
                    output=True, frames_per_buffer = len(wave),
                    stream_callback=callback)

    stream.start_stream()

    for i in range(10):
        time.sleep(0.1)

    stream.stop_stream()
    stream.close()
    p.terminate()

if __name__ == '__main__':
    main()
```

第 7 章

Waveform ファイル

この章では Waveform 形式のファイルについて
説明します。

7.1 WAVファイル

Waveform のデータファイルは、一般に WAV ファイルと略称されるオーディオファイルです。

7.1.1 WAV ファイルの構造

WAV ファイルは RIFF 形式で Waveform オーディオを保存するオーディオファイルです。

RIFF（Resource Interchange File Format、リソース交換用ファイル形式）は、タグ付きのデータを保存するための汎用メタファイル形式です。一般的には拡張子を wav にする WAV ファイルのほか、拡張子が avi である動画のためのファイル形式 AVI（Audio Video Interleave）などが RIFF 形式のファイルです。

RIFF 形式のファイルは複数のチャンクからなっていて、各チャンクは、ID、データサイズ、データで構成されます。

ID（4バイト）	データサイズ（4バイト）	データ

図 7.1 ● RIFF 形式のチャンク

典型的な Waveform のファイル（以下、WAV ファイル）には、次のようなチャンクが含まれます。

ファイルの先頭のチャンクは RIFF チャンクで、先頭は ASCII 文字の"RIFF"で、そのあとに 4 バイトのデータ長が続き、さらに ASCII 文字の"WAVE"が続き、そのあとにデータが続きます。

表 7.1 ● RIFF チャンク

項目	サイズ	説明
ckID	4	"RIFF"（0x52,0x49,0x46,0x46）
ckSize	4	チャンクサイズ
format	4	"WAVE"（0x57,0x41,0x56,0x45）
Data	n	データ

RIFF チャンクのあとには表 7.2 の形式のフォーマットチャンクが続きます。

さらに WAV ファイルには表 7.3 の形式の data チャンクが続きます。

表 7.2 ● フォーマットチャンク

項目	サイズ	説明
ckID	4	"fmt " (0x66,0x6d,0x74,0x20)
ckSize	4	チャンクサイズ
wFormatTag	2	データのフォーマット
nChannels	2	チャンネル数
nSamplePerSec	4	サンプリングレート
nAvgBytesPerSec	4	平均バイトレート
nBlockAlign	2	1 ブロックのバイト数
nBitsPerSample	2	1 サンプルあたりのビット数
cbSize	2	追加情報のサイズ（追加情報がない場合は 0）。
追加情報	n	追加情報

表 7.3 ● data チャンク

項目	サイズ	説明
ckID	4	"data" (0x50,0x45,0x41,0x4b)
ckSize	4	チャンクサイズ
sampleData	n	サンプルデータ
paddingData	0/1	ckSize が奇数の場合に追加

7.1.2 WAV ファイルの内容

　バイナリファイルを調べるときには、ファイルの各バイトを 16 進数で表示する 16 進ダンプが使われます。

　Linux など UNIX 系 OS の場合は hexdump コマンドでバイナリファイルの内容を 16 指数表示にして調べることができます。

　次の例は、7.2 節で作成するファイル sin440.wav を「hexdump -C sin440.wav」で 16 進ダンプ表示した例です（掲載するのは先頭だけです）。

```
$ hexdump -C sin440.wav
00000000 52 49 46 46 ac 58 01 00 57 41 56 45 66 6d 74 20  |RIFF.X..WAVEfmt |
00000010 10 00 00 00 01 00 01 00 44 ac 00 00 88 58 01 00  |........D...X..|
00000020 02 00 10 00 64 61 74 61 88 58 01 00 00 00 04 08  |....data.X......|
```

```
00000030  01 10 ee 17 c2 1f 77 27 04 2f 61 36 88 3d 71 44  |......w'./a6.=qD|
00000040  16 4b 6e 51 75 57 24 5d 75 62 63 67 e9 6b 03 70  |.KnQuW$]ubcg.k.p|
00000050  ac 73 e1 76 9e 79 e1 7b a7 7d ee 7e b7 7f fe 7f  |.s.v.y.{.}.~....|
00000060  c5 7f 0c 7f d2 7d 1a 7c e6 79 36 77 0f 74 73 70  |.....}.|.y6w.tsp|
00000070  66 6c ec 67 0a 63 c4 5d 1f 58 22 52 d2 4b 36 45  |fl.g.c.].X"R.K6E|
00000080  55 3e 34 37 dd 2f 55 28 a4 20 d3 18 e9 10 ed 08  |U>47./U(. ......|
00000090  e9 00 e5 f8 e7 f0 f8 e8 20 e1 67 d9 d6 d1 72 ca  |........ .g...r.|
000000a0  45 c3 54 bc a8 b5 46 af 36 a9 7d a3 21 9e 27 99  |E.T...F.6.}.!.'.|
000000b0  95 94 6f 90 b9 8c 77 89 ac 86 5b 84 87 82 30 81  |..o...w...[...0.|
000000c0  5a 80 03 80 2e 80 d9 80 04 82 ad 83 d4 85 75 88  |Z............u.|
000000d0  8f 8b 1e 8f 1e 93 8c 97 63 9c 9e a1 38 a7 2c ad  |........c...8.,.|
000000e0  72 b3 06 ba e0 c0 f9 c7 4b cf ce d6 7a de 48 e6  |r.......K...z.H.|
000000f0  30 ee 2a f6 2e fe 32 06 31 0e 22 16 fd 1d ba 25  |0.*...2.1."....%|
00000100  50 2d b9 34 ed 3b e5 42 9a 49 04 50 1e 56 e1 5b  |P-.4.;.B.I.P.V.[|
...
```

> **Note** このとき表示されるデータは膨大なので、「`hexdump -C sin440.wav | more`」で少し
> ずつ表示するか、あるいは「`hexdump -C sin440.wav > sin440.txt`」のようにしてテ
> キストファイルに保存してエディタで見ると良いでしょう。

　Windows の場合は Windows PowerShell の `Format-Hex` を使った次のようなコマンドでバ
イナリファイルの内容を調べることができます。

```
PS C:\sounds\ch07> Format-Hex -Path ".\sin440.wav" | more
```

　この場合、`Format-Hex` での出力は次のようになります。

```
PS C:\sounds\ch07> Format-Hex -Path ".\sin440.wav" | more


        パス: C:\sounds\ch07\sin440.wav

        00 01 02 03 04 05 06 07 08 09 0A 0B 0C 0D 0E 0F

00000000    52 49 46 46 AC 58 01 00 57 41 56 45 66 6D 74 20 RIFF¬X..WAVEfmt
00000010    10 00 00 00 01 00 01 00 44 AC 00 00 88 58 01 00 ........D¬..?X..
00000020    02 00 10 00 64 61 74 61 88 58 01 00 00 00 04 08 ....data?X......
00000030    01 10 EE 17 C2 1F 77 27 04 2F 61 36 88 3D 71 44 ..i.A.w'./a6?=qD
```

```
00000040    16 4B 6E 51 75 57 24 5D 75 62 63 67 E9 6B 03 70   .KnQuW$]ubcgek.p
00000050    AC 73 E1 76 9E 79 E1 7B A7 7D EE 7E B7 7F FE 7F   ¬sav?ya{§}i~・.t.
00000060    C5 7F 0C 7F D2 7D 1A 7C E6 79 36 77 0F 74 73 70   A...O}.|ay6w.tsp
00000070    66 6C EC 67 0A 63 C4 5D 1F 58 22 52 D2 4B 36 45   flig.cA].X"ROK6E
00000080    55 3E 34 37 DD 2F 55 28 A4 20 D3 18 E9 10 ED 08   U>47Y/U(? O.e.i.
00000090    E9 00 E5 F8 E7 F0 F8 E8 20 E1 67 D9 D6 D1 72 CA   e.aocdoe agUONrE
000000A0    45 C3 54 BC A8 B5 46 AF 36 A9 7D A3 21 9E 27 99   EAT?¨µ F ̄6c}£!?'?
000000B0    95 94 6F 90 B9 8C 77 89 AC 86 5B 84 87 82 30 81   ??o?1?w?¬?[???0?
000000C0    5A 80 03 80 2E 80 D9 80 04 82 AD 83 D4 85 75 88   Z . . U .?-?O?u?
000000D0    8F 8B 1E 8F 1E 93 8C 97 63 9C 9E A1 38 A7 2C AD   ??.?.???c??!8§,-
000000E0    72 B3 06 BA E0 C0 F9 C7 4B CF CE D6 7A DE 48 E6   r3.oaAuCKIIOzTHa
000000F0    30 EE 2A F6 2E FE 32 06 31 0E 22 16 FD 1D BA 25   0i*o.t2.1.".y.o%
00000100    50 2D B9 34 ED 3B E5 42 9A 49 04 50 1E 56 E1 5B   P-14i;aB?I.P.Va[
            ...
```

見てわかるように、先頭の 16 バイトは次のようなデータです。

```
52 49 46 46 ac 58 01 00 57 41 56 45 66 6d 74 20
```

「52 49 46 46」は ASCII 文字では「RIFF」です。これは先頭が RIFF チャンクであること(すなわち RIFF 形式のファイルであること)を表しています。

続く「ac 58 01 00」はこの後のデータの長さを表します。

さらに続く「57 41 56 45」は ASCII 文字では「WAVE」です。

そのあとの「66 6d 74 20」は ASCII 文字では「fmt 」でフォーマットチャンクが続くことを表します(16 進数で 20 はスペース)。

データはさらに次のように続きます。

```
10 00 00 00 01 00 01 00 44 ac 00 00 88 58 01 00   |........D....X..|
02 00 10 00 64 61 74 61 88 58 01 00 00 00 04 08   |....data.X......|
01 10 ee 17 c2 1f 77 27 04 2f 61 36 88 3d 71 44   |......w'./a6.=qD|
```

4 バイトの「10 00 00 00」はフォーマットチャンクの長さが(リトルエンディアンで)16 バイトであり、続く「01 00」はデータのフォーマットが 1 であることを表します(リトルエンディアン、以下も)。さらに続く「01 00」はチャンネル数が 1 であることを表します。

「44 ac 00 00」はサンプリングレートが 16 進数で AC44(10 進数で 44100)であることを示します。以下、平均バイトレート、1 ブロックのバイト数、1 サンプルあたりのビット数と 8 バイトの情報が続き、4 バイトの「64 61 74 61」は ASCII 文字で"data"なので data チャ

ンクが続くことがわかります。

興味があれば以降は読者自身で解析してみましょう。

7.2 ファイルの生成

wave モジュールを使って、WAV ファイルを容易に生成することができます。

7.2.1　wave モジュール

python で wav ファイルを扱うためのモジュールとして、wave モジュールが提供されています。wave モジュールは Python 標準ライブラリに含まれています。

ドキュメントは以下にあります。

> https://docs.python.org/ja/3/library/wave.html

wave がインストールされていなければ、インストールする必要があります。

```
>python -m pip install wave
```

なお、バイト列をパックされたバイナリデータとして解釈するための struct というライブラリの pack() も使います。struct.pack() については、下記のサイトに説明があります。

> https://docs.python.org/ja/3/library/struct.html

7.2.2　WAV ファイルを生成するプログラム

wave パッケージを使って WAV ファイルを生成するには、wave.Wave_write オブジェクトを作成してファイルにデータを書き込みます。

ここでは、第 6 章の考え方で生成したサイン波をバイト列としたものが変数 binary_sin_wave に保存されているとします。

wave.Wave_write() でファイル名を指定して Wave_write オブジェクトを作成します。

```
wave_write = wave.Wave_write("sin440.wav")
```

　パラメーターとして、チャンネル数（nchannels）、サンプリング幅（sampwidth）、サンプリング周波数（framerate）、サンプル数（nframes）、圧縮の種類（comptype）、圧縮名（compname）を指定して、wave.Wave_write.write.setparams() を呼び出すことでパラメーターをセットします。

```
params = (1, 2, fs, len(nframe), 'NONE', 'not compressed')
wave_write.setparams(params)
```

Note　本書執筆時点では、圧縮方法は非圧縮を示す圧縮形式 NONE だけがサポートされています。

　wave.Wave_write.writeframes() でサイン波をバイト列としたデータ（binary_sin_wave）を書き込みます。

```
wave_write.writeframes(binary_sin_wave)
```

　最後に wave.Wave_write. close() でファイルを閉じます。

```
wave_write.close()
```

　プログラム全体は次のようになります。

リスト 7.1　gensinwavfile.py

```python
import numpy as np
import wave
import struct

fs = 44100   # サンプリングレート
freq = 440   # 周波数
sec = 1      # 再生時間
nframe = np.arange(0, fs*sec)

# sin波を生成する
sin_wave = np.sin(nframe * 2 * np.pi * freq / fs)
# 16bit符号付き整数に変換する
sin_wave = np.array(sin_wave * (2**15 - 1)).astype(np.int16)
```

```
binary_sin_wave = struct.pack("h"*len(nframe), *sin_wave)

wave_write = wave.Wave_write("sin440.wav")
params = (1, 2, fs, len(nframe), 'NONE', 'not␣compressed')
wave_write.setparams(params)
wave_write.writeframes(binary_sin_wave)
wave_write.close()
```

7.2.3 ノコギリ波の WAV ファイル生成

ノコギリ波の WAV ファイルを生成するには、上記の sin 波のプログラムの sin 波を生成する部分をノコギリ波を生成するコードに変更します。

```
# ノコギリ波を生成する
saw_wave = scipy.signal.sawtooth(nframe * 2 * np.pi * freq / fs)

# 16bit符号付き整数に変換する
saw_wave = np.array(saw_wave * (2**15 - 1)).astype(np.int16)

binary_saw_wave = struct.pack("h"*len(nframe), *saw_wave)
```

プログラム全体は次のようになります。

リスト 7.2　gensawwavfile.py

```
import numpy as np
import wave
import scipy.signal
import struct

fs = 44100   # サンプリングレート
freq = 440  # 周波数
sec = 1      # 再生時間
nframe = np.arange(0, fs*sec)

# ノコギリ波を生成する
sin_wave = np.sin(nframe * 2 * np.pi * freq / fs)
saw_wave = scipy.signal.sawtooth(nframe * 2 * np.pi * freq / fs)
```

```
# 16bit符号付き整数に変換する
saw_wave = np.array(saw_wave * (2**15 - 1)).astype(np.int16)
binary_saw_wave = struct.pack("h"*len(nframe), *saw_wave)

wave_write = wave.Wave_write("saw440.wav")
params = (1, 2, fs, len(nframe), 'NONE', 'not␣compressed')
wave_write.setparams(params)
wave_write.writeframes(binary_saw_wave)
wave_write.close()
```

7.3　ファイルの再生

pyaudio を使って WAV ファイルを再生することができます。

7.3.1　WAV ファイルを再生するプログラム

　ここでは、「6.1 PyAudio」で紹介した pyaudio を使って WAV ファイルを再生するプログラムを作ります。

　最初に WAV ファイルをバイナリモードで開きます。

```
wf = wave.open("sin440.wav", 'rb')
```

　また、pyaudio.PyAudio オブジェクトを作成しておきます。

```
p = pyaudio.PyAudio()
```

　パラメーターを指定してストリームを開きます。このときパラメーターは開いた WAV ファイルオブジェクト（wf）に対して、getsampwidth()、getnchannels()、getframerate() を実行することで取得できます。

```
stream = p.open(format=p.get_format_from_width(wf.getsampwidth()),
                channels=wf.getnchannels(),
                rate=wf.getframerate(),
                output=True)
```

そして、WAV ファイルからデータを読み込んではストリームに出力することを繰り返すことで再生します。

```
while len(data := wf.readframes(CHUNK)):
    stream.write(data)
```

最後にストリームと WAV ファイルを閉じます。

```
stream.close()
p.terminate()
```

プログラム全体は次のようになります。

リスト 7.3　playwav.py

```
import wave
import pyaudio

CHUNK = 1024

wf = wave.open("sin440.wav", 'rb')

p = pyaudio.PyAudio()

# ストリームを開く
stream = p.open(format=p.get_format_from_width(wf.getsampwidth()),
                channels=wf.getnchannels(),
                rate=wf.getframerate(),
                output=True)

# WAVファイルからサンプルを読み込んで再生する
while len(data := wf.readframes(CHUNK)):
    stream.write(data)

stream.close()
p.terminate()
```

7.4 MP3への変換

　圧縮していない WAV ファイルは、ファイルサイズがかなり大きくなるので、MP3 ファイルにして圧縮して利用されることがよくあります。

7.4.1 MP3 ファイル

　MP3（MPEG-1 Audio Layer-3）は、音声や音楽のような音響データを圧縮する技術です。また、MP3 を使った圧縮音響ファイルのフォーマットを指すこともあります。MP3 ファイルの拡張子は「.mp3」です。

　一般に、圧縮されていない WAV ファイル（拡張子が「.wav」）に比べてサイズが 1/10 程度になり、圧縮による音質の劣化も少ないので、幅広く使われています。

　WAV ファイルから MP3 への変換は比較的容易です。しかし、WAV ファイルから MP3 への圧縮は非可逆なので、MP3 からもとの WAV ファイルを作成することはできません。MP3 から WAV ファイルへの変換では音質の劣化が発生するということもあります。

7.4.2 FFmpeg

　WAV ファイルから MP3 への変換を容易に行えるツールとして、FFmpeg があります。

　FFmpeg（Fast Forward MPEG）は、音声ファイルや動画ファイルを変換したり再生したりする機能を提供する単独で機能するプログラム（コマンドラインツール）です。Python で WAV ファイルを MP3 に変換したり、その逆の変換をするようなときには FFmpeg をプロセスとして起動して利用する方法が最も容易です。

　FFmpeg は、下記の公式サイトから環境に応じた ZIP ファイルをダウンロードして展開することでインストールします

```
https://ffmpeg.org/download.html
```

　インストールしたら、環境変数 PATH に FFmpeg の実行可能ファイルがあるディレクトリを追加する（パスを通す）必要があります。パスが通っているかどうかは、FFmpeg の実行可能ファイルがないディレクトリで「ffmpeg -version」を実行するとわかります。たとえば、次のような情報が表示されるでしょう（下記は Windows の場合の例です）。

```
>ffmpeg -version
ffmpeg version 2023-09-07-git-9c9f48e7f2-full_build-www.gyan.dev
```

```
Copyright (c) 2000-2023 the FFmpeg developers
built with gcc 12.2.0 (Rev10, Built by MSYS2 project)
configuration: --enable-gpl --enable-version3 --enable-static --disable-w32threads
--disable-autodetect --enable-fontconfig --enable-iconv --enable-gnutls
--enable-libxml2 --enable-gmp --enable-bzlib --enable-lzma --enable-libsnappy
--enable-zlib --enable-librist --enable-libsrt --enable-libssh --enable-libzmq
--enable-avisynth --enable-libbluray --enable-libcaca --enable-sdl2
--enable-libaribb24 --enable-libaribcaption --enable-libdav1d --enable-libdavs2
--enable-libuavs3d --enable-libzvbi --enable-librav1e --enable-libsvtav1
--enable-libwebp --enable-libx264 --enable-libx265 --enable-libxavs2
--enable-libxvid --enable-libaom --enable-libjxl --enable-libopenjpeg
--enable-libvpx --enable-mediafoundation --enable-libass --enable-frei0r
--enable-libfreetype --enable-libfribidi --enable-libharfbuzz --enable-liblensfun
--enable-libvidstab --enable-libvmaf --enable-libzimg --enable-amf
--enable-cuda-llvm --enable-cuvid --enable-ffnvcodec --enable-nvdec --enable-nvenc
--enable-dxva2 --enable-d3d11va --enable-libvpl --enable-libshaderc --enable-vulkan
--enable-libplacebo --enable-opencl --enable-libcdio --enable-libgme
--enable-libmodplug --enable-libopenmpt --enable-libopencore-amrwb
--enable-libmp3lame --enable-libshine --enable-libtheora --enable-libtwolame
--enable-libvo-amrwbenc --enable-libcodec2 --enable-libilbc --enable-libgsm
--enable-libopencore-amrnb --enable-libopus --enable-libspeex --enable-libvorbis
--enable-ladspa --enable-libbs2b --enable-libflite --enable-libmysofa
--enable-librubberband --enable-libsoxr --enable-chromaprint
libavutil 58. 19.100 / 58. 19.100
libavcodec 60. 26.100 / 60. 26.100
libavformat 60. 11.100 / 60. 11.100
libavdevice 60. 2.101 / 60. 2.101
libavfilter 9. 11.100 / 9. 11.100
libswscale 7. 3.100 / 7. 3.100
libswresample 4. 11.100 / 4. 11.100
libpostproc 57. 2.100 / 57. 2.100
```

Python で FFmpeg を使うためには、ffmpeg-python モジュールをインストールする必要があります。

```
>python -m pip install ffmpeg-python
```

7.4.3　MP3 への変換プログラム

WAV ファイルを MP3 ファイルに変換するには、最初に ffmpeg をインポートします。

```
import ffmpeg
```

変換するソースファイル（WAV ファイル）名を定義します。

```
src_file = "sin440.wav"
```

そして、Python の str.replace() を使って、拡張子を変更した変換後のファイル名を作成しておきます。

```
mp3_file = src_file.replace('wav', 'mp3')
```

ffmpeg.input() で入力ファイル名を、ffmpeg.output() で入力するストリームと出力ファイル名を設定します。

```
stream = ffmpeg.input(src_file)
stream = ffmpeg.output(stream, mp3_file)
```

ffmpeg.run() を呼び出して、変換します。

```
ffmpeg.run(stream)
```

このとき、プログラムの背後で FFmpeg の実行可能ファイルがサブプロセスとして起動されて、実際の変換が行われます。

プログラム全体は次のようになります。

リスト 7.4　wav2mp3.py

```
import ffmpeg

src_file = "sin440.wav"
mp3_file = src_file.replace('wav', 'mp3')

stream = ffmpeg.input(src_file)
stream = ffmpeg.output(stream, mp3_file)
ffmpeg.run(stream)
```

　このプログラムを実行すると、ffmpeg.run() が実行される時に FFmpeg がサブプロセスとして実行されるので、次のように FFmpeg が生成する一連のメッセージが出力されます。

```
C:¥sounds¥ch07>python wav2mp3.py
ffmpeg version 2023-09-07-git-9c9f48e7f2-full_build-www.gyan.dev
Copyright (c) 2000-2023 the FFmpeg developers
built with gcc 12.2.0 (Rev10, Built by MSYS2 project)
configuration: --enable-gpl --enable-version3 --enable-static --disable-w32threads
--disable-autodetect --enable-fontc onfig --enable-iconv --enable-gnutls
--enable-libxml2 --enable-gmp --enable-bzlib --enable-lzma --enable-libsnappy
--enable-zlib --enable-librist --enable-libsrt --enable-libssh --enable-libzmq
--enable-avisynth --enable-libbluray --enable-libcaca --enable-sdl2
--enable-libaribb24 --enable-libaribcaption --enable-libdav1d --enable-libdavs2
--enable-libuavs3d --enable-libzvbi --enable-librav1e --enable-libsvtav1
--enable-libwebp --enable-libx264 --enable-libx265 --enable-libxavs2
--enable-libxvid --enable-libaom --enable-libjxl --enable-libopenjpeg
--enable-libvpx --enable-mediafoundation --enable-libass --enable-frei0r
--enable-libfreetype --enable-libfribidi --enable-libharfbuzz --enable-liblensfun
--enable-libvidstab --enable-libvmaf --enable-libzimg --enable-amf
--enable-cuda-llvm --enable-cuvid --enable-ffnvcodec --enable-nvdec --enable-nvenc
--enable-dxva2 --enable-d3d11va --enable-libvpl --enable-libshaderc --enable-vulkan
--enable-libplacebo --enable-opencl --enable-libcdio --enable-libgme
--enable-libmodplug --enable-libopenmpt --enable-libopencore-amrwb
--enable-libmp3lame --enable-libshine --enable-libtheora --enable-libtwolame
--enable-libvo-amrwbenc --enable-libcodec2 --enable-libilbc --enable-libgsm
--enable-libopencore-amrnb --enable-libopus --enable-libspeex --enable-libvorbis
--enable-ladspa --enable-libbs2b --enable-libflite --enable-libmysofa
--enable-librubberband --enable-libsoxr --enable-chromaprint
  libavutil 58. 19.100 / 58. 19.100
  libavcodec 60. 26.100 / 60. 26.100
  libavformat 60. 11.100 / 60. 11.100
  libavdevice 60. 2.101 / 60. 2.101
  libavfilter 9. 11.100 / 9. 11.100
  libswscale 7. 3.100 / 7. 3.100
  libswresample 4. 11.100 / 4. 11.100
  libpostproc 57. 2.100 / 57. 2.100
[aist#0:0/pcm_s16le @ 0000027165404dc0] Guessed Channel Layout: mono
Input #0, wav, from 'sin440.wav':
  Duration: 00:00:01.00, bitrate: 705 kb/s
  Stream #0:0: Audio: pcm_s16le ([1][0][0][0] / 0x0001), 44100 Hz, 1 channels, s16,
  705 kb/s
```

```
Stream mapping:
  Stream #0:0 -> #0:0 (pcm_s16le (native) -> mp3 (libmp3lame))
Press [q] to stop, [?] for help
Output #0, mp3, to 'sin440.mp3':
  Metadata:
    TSSE : Lavf60.11.100
  Stream #0:0: Audio: mp3, 44100 Hz, mono, s16p
    Metadata:
      encoder : Lavc60.26.100 libmp3lame
[out#0/mp3 @ 00000271653ee580] video:0kB audio:8kB subtitle:0kB
other streams:0kB global headers:0kB muxing overhead: 2.
715636%
size= 8kB time=00:00:00.99 bitrate= 69.1kbits/s speed=21.8x


C:\sounds\ch07>
```

　ファイルサイズを見てみると、もとの WAV ファイル sin440.wav が 88,244 バイトであるのに対して、生成された MP3 の sin440.mp3 は 8,586 バイトなので、圧縮されていることがわかります（これはひとつの例です）。

Note　単に WAV ファイルを MP3 ファイルに変換するのであれば、Python を使わないで、FFmpeg を直接実行して変換することができます。

あるディレクトリにあるすべての WAV ファイルを MP3 ファイルに変換するようなときには、Python のプログラムを作って使うと便利ですが、単純にひとつの WAV ファイルを MP3 ファイルに変換するようなときにはコマンドラインツールとしての FFmpeg を使うほうが簡単です。

FFmpeg を使うと、映像や音声ファイルに対して、ほかにもさまざまな変換や合成・操作などができます。付録 C も参照してください。

付録 A　Python のインストール

　本書のプログラムを実行するためには、システムに Python と関連するモジュールなどがインストールされていることが必要です。

　システムによっては必要なものがあらかじめインストールされている場合もあるので、インストールする前にそれがインストールされているかどうか調べ、インストールされているならバージョンを調べます。

A.1　Python のインストール

　最初に Python をインストールする必要がありますが、システムにすでに Python がインストールされている可能性があります。オプション--version を付けて Python を実行してみると Python がインストールされているかどうかと、Python がインストールされている場合はバージョンを確認できます。

```
>python --version
Python 3.11.1
```

　Python を起動するコマンド名 python は、環境によっては上記のように python ではなくて、py や python3 などの場合があり、その場合は「py --version」や「python3 --version」のように正確な実行可能ファイル名を指定して実行します。また、コマンド名にバージョン番号を含んだ「python3.11 --version」などで実行できる場合もあります。

　Python をインストールするには、Python の Web サイト（https://www.python.org/）の「Download」からプラットフォームとバージョンを選択してインストールします。選択したプラットフォーム／バージョンにインストーラーやインストールパッケージが用意されている場合は、それをダウンロードしてインストールする方法が最も容易なインストール方法です。

　Windows の場合、Microsoft Store からインストールすることもできます。

　Linux や macOS の場合は、ディストリビューションに Python のパッケージが含まれている場合が多く、特に Python をインストールしなくても Python を使える場合が多いでしょう。ただし、インストールされているのが Python が古いバージョンである場合は、新しいバージョ

ンの Python をインストールする必要があります。

A.2　pip のインストール

Python のさまざまなモジュールをインストールしたり更新するために、python 公式のパッケージ管理システムである pip を使うことができます。

pip を使うためには、最初に pip がインストールされているか調べます。

次のコマンドで pip がインストールされているかわかります。

```
>pip --version
```

pip がインストールされていない場合は、以下の方法でインストールします。

Windows では、次のコマンドで pip をインストールします。

```
>python get-pip.py
```

macOS では、次のコマンドで pip をインストールします。

```
$ sudo easy_install pip
```

apt をサポートする Linux（Ubuntu など）では、次のコマンドで pip をインストールできます。

```
$ sudo apt install python3-pip
```

pip がインストールされていても、pip のバージョンが古い可能性があるので、次のコマンドを実行してアップグレードします。

```
>python -m pip install --upgrade pip
```

または

```
>pip install --upgrade pip
```

A.3　モジュールのインストール

モジュール *module* をインポートしようとしたときに、「No module named *module*」という
エラーが出たら *module* はインストールされていないでしょう。

module をインストールするときには、実際に使用する Python のバージョンに応じてインス
トールできる次のコマンドを使うことを推奨します。

```
>python -m pip install module
```

インストールが進行し、最終的に「Successfully installed」と表示されればインストールは成
功しています。

付録 B　トラブル対策

ここでは、よくあるトラブルとその対策を概説します。なお、特定の環境において音が鳴らないなどの各種のトラブルについてのご質問にはお答えしかねます。

B.1　Python が起動しない

- システムに Python をインストールする必要があります。python の代わりに環境に応じて、python3、python3.10、bpython、bpython3 などのコマンドをインストールしてもかまいません。
- 最も一般的なコマンドの名前はすべて小文字の python です。しかし、Python の起動コマンドの名前は、python 以外に、py、python3、python3.10（または python3.x）、bpython、bpython3 などである場合があります。
- Python が存在するディレクトリ（フォルダ）にパスが通っていないと Python が起動しません。パスを通すという意味は、環境変数 PATH に Python の実行可能ファイルがあるディレクトリが含まれているということです（Windows のインストーラーでインストールした場合は正しく設定されているはずです）。

Python が起動するかどうかは、Python のコマンド名に引数-V を付けて実行し、バージョンが表示されるかどうかで調べることができます。

```
>python -V
Python 3.11.1
```

B.2　スクリプトを実行できない

- スクリプトファイルがあるディレクトリをカレントディレクトリにするか、あるいは、相対パスまたは絶対パスでスクリプトファイルの名前だけでなくファイルがある場所も指定してください。

B.3 認識できないコードページであるという次のようなメッセージが表示される

```
Fatal Python error: Py_Initialize: can't initialize sys standard streams
LookupError: unknown encoding: cp65001

This application has requested the Runtime to terminate it in an unusual way.
Please contact the application's support team for more information.
```

- Windows のコマンドプロンプトの場合、コードページ 65001 の UTF-8 か、コードページ 932 のシフト JIS に設定されているでしょう。chcp コマンドを使ってコードページを変更してください。コードページを 932 に変更するには、OS のコマンドプロンプトに対して「chcp 932」と入力します。
- Windows の種類によっては、コードページが 932 の cmd.exe（C:¥Windows¥System32¥cmd.exe）のコマンドプロンプトから実行すると、この問題を解決できる場合があります。

B.4 「No module named *xxx*」が表示される

- *xxx* モジュールが検索できないか、インストールされていません。モジュールにアクセスできるようにするか、あるいは、サポートしているバージョンのモジュール（パッケージ）をインストールしてください。バージョンの異なるモジュールをインストールしていてもインポートできません。
- 環境変数 PATH に Python の実行ファイルとスクリプトがあるパス（PythonXY;PythonXY/Scripts など）を追加してください。
- 環境変数 PYTHONPATH にモジュールがある場所を追加して、モジュールにアクセスできるようにしてください。
- 見つからないと報告されているモジュールを、実行するプログラム（スクリプト）と同じフォルダ（ディレクトリ）にコピーしてください。
- 大文字／小文字を実際のファイル名と一致させてください。
- Python のバージョンをより新しいバージョンに更新してください。

B.5 「IndentationError: unexpected indent」が表示される

- インデントが正しくないとこのメッセージが表示されます。
  （C/C++ や Java など多くの他のプログラミング言語とは違って）Python ではインデントが意味を持ちます。前の行より右にインデントした行は、前の行の内側に入ることを意

味します。

- インデントすべきでない最初の行の先頭に空白を入れると、このメッセージが表示されます。たとえば、単純に式や関数などを実行するときにその式や関数名の前に空白を入れるとエラーになります。

B.6 「SyntaxError」が表示される

- プログラムコード（文）に何らかの間違いがあります。コードをよく見て正しいコードに修正してください。

B.7 「NameError: name *'xxx'* is not defined」が表示される

- 定義してない名前 *xxx* を使っています。タイプミスがないか調べてください。
- インポートするべきモジュールを読み込んでないときにもこのエラーが表示されます。

B.8 「AttributeError: *'xxx'* object has no attribute *'yyy'*」が表示される

- *xxx* というオブジェクトの属性（またはメソッド）*yyy* が存在しません。名前を間違えていないか、あるいはタイプミスがないか調べてください。

B.9 「 (null): can't open file *'xxx*.py': [Errno 2] No such file or directory」が表示される

- Python のスクリプトファイル *xxx*.py がないか、別のフォルダ（ディレクトリ）にあります。OS の cd コマンドを使ってカレントディレクトリを Python のスクリプトファイル *xxx*.py がある場所に移動するか、あるいは、ファイル名の前にスクリプトファイルのパスを指定してください。

B.10 「SyntaxError: Missing parentheses in call to *'xxx'*.」が表示される

- Python 3.0 以降は、関数の呼び出しに () が必要です。たとえば、「`print('Hello')`」とする必要があります。Python 2.x では「`print 'Hello'`」で動作しましたが、これは古い書き方であり、Python 3.0 以降では使えません。古い書籍や資料、Web サイト、サンプルプログラムなどを参考にする場合には対象としている Python のバージョンに注意する必要があります。

B.11 音が鳴らない（共通）

- スピーカーまたはイヤホンなどが接続されていて、出力先や音量などが正しく設定されていないと音は鳴りません。正しい環境になっているかどうか調べるためには、ほかの

付録

アプリで音（MIDI ファイルや WAV ファイルなど）を鳴らしてみるとよいでしょう。

B.12　音が鳴らない（MIDI）

- MIDI ソフトウェア音源をインストールして設定するか、MIDI ハードウェア音源を接続してドライバをインストールして設定する必要あります。使用している環境に応じて適切なドライバをインストールしてください。
- Linux など UNIX 系 OS の場合、必要に応じて ALSA（Advanced Linux Sound Architecture）のインストールと設定を行う必要がある場合があります。aplaymidi がインストールしてある環境では、コマンド aplaymidi -l を実行することで使用可能な MIDI ポートを調べることができます。

B.13　音が鳴らない（WAVE）

- Linux など UNIX 系 OS の場合、ALSA（Advanced Linux Sound Architecture）のインストールと設定を行う必要がある場合があります。alsamixer を実行して設定してください。また、コマンド aplay -l を実行することで使用可能なデバイスを調べることができます。

付録 C　FFmpeg

FFmpeg（Fast Forward MPEG）は、音声ファイルや動画ファイルを変換したり再生したりする機能を提供する単独で機能するプログラム（コマンドラインツール）です。

たとえば、WAV ファイルを MP3 に変換したり、動画（MP4）ファイルから音声やサウンドだけを抽出して MP3 ファイルを生成することもできます。

C.1　FFmpeg の概要

FFmpeg は次の書式で使います。

```
ffmpeg [options] [[infile options] -i infile] ...
        {[outfile options] outfile} ...
```

infile は入力ファイル、outfile は出力ファイルで、ファイル形式はファイル名の拡張子から自動的に判断されます。options はオプション、infile options は入力ファイルのオプション、outfile options は出力ファイルのオプションで、これらについてはあとで説明します。

たとえば、sin440.wav を変換して MP3 ファイル sin440d.mp3 を生成するときには、次のようなコマンドラインを使います。

```
>ffmpeg -i sin440.wav sin440d.mp3
```

入力ファイル名の前には「-i sin440.wav」のようにオプション-i を付ける必要がある点に注意してください。

また、たとえば、myfile.mp4 をから音声（サウンド）だけを取り出して MP3 ファイル myfile.mp3 を生成するときには、次のようなコマンドラインを使います。

```
>ffmpeg -i myfile.mp4 myfile.mp3
```

C.2 FFmpeg のオプション

FFmpeg の主なオプションは次の通りです。

表 C.1 ● オプション

オプション	説明
-h	使い方を説明するヘルプを表示する。
-h long	詳しいオプションを含むヘルプを表示する。
-h full	すべてのフォーマットと、コーデック固有のオプションを含むすべての情報を含むヘルプを表示する。
-version	バージョン情報を表示する。
-formats	FFmpeg が扱うフォーマットを表示する。
-devices	利用可能なデバイスについての情報を表示する。
-codecs	利用可能なコーデックについての情報を表示する。
-decoders	利用可能なデコーダーについての情報を表示する。
-encoders	利用可能なエンコーダーについての情報を表示する。
-bsfs	利用可能なビットストリームフィルターについての情報を表示する。
-protocols	利用可能なプロトコルについての情報を表示する。
-filters	利用可能なフィルターについての情報を表示する。
-pix_fmts	利用可能なピクセルフォーマットについての情報を表示する。
-layouts	標準チャンネルレイアウトについての情報を表示する。
-sample_fmts	利用可能なオーディオサンプルフォーマットについての情報を表示する。
-dispositions	利用可能なストリームディスポジションについての情報を表示する。
-colors	利用可能なカラー名についての情報を表示する。

プログラム全体に関連するグローバルオプションは次の通りです。

表 C.2 ● グローバルオプション

オプション	説明
-loglevel loglevel	ロギングレベルを設定する。
-v loglevel	ロギングレベルを設定する。
-report	レポートを作成する。
-max_alloc bytes	ひとつのアロケートブロックの最大サイズを設定する。
-y	出力ファイルを上書きする。
-n	出力ファイルを上書きしない。
-ignore_unknown	未知のストリームタイプを無視する。
-stats	エンコード中の処理レポートを出力する。

さらに目的に応じて以下のようなオプションがあります。

表 C.3 ● プレファイルメインオプション

オプション	説明
-f fmt	フォーマットを強制的に指定したものにする。
-c codec	コーデック名を指定する。
-codec codec	コーデック名を指定する。
-pre preset	プリセット名を指定する。
-map_metadata outfile[,metadata]:infile[,metadata]	
	入力ファイルから出力ファイルのメタデータ情報をセットする。
-fs limit_size	最大ファイルサイズを指定する（バイト単位）。
-ss time_off	スタートタイムオフセットをセットする。
-sseof time_off	EOF に対するスタートタイムオフセットをセットする。

付録

表 C.4 ● ビデオオプション

オプション	説明
-vframes number	出力するビデオフレーム数を設定する。
-r rate	フレームレートを設定する。
-fpsmax rate	最大フレームレートを設定する。
-s size	フレームサイズを設定する。
-aspect aspect	アスペクト比を設定する（4:3、16:9、1.3333、1.7777）。
-display_rotation angle	ストリームに対する反時計回りの回転を設定する。
-display_hflip	ストリームに対する水平フリップを設定する。
-display_vflip	ストリームに対する垂直フリップを設定する。
-vn	ビデオを無効にする。
-vcodec codec	ボイスのコーデックを指定したものにする。
-timecode hh:mm:ss[:;.]ff	初期 TimeCode 値を設定する。
-pass n	パスナンバー（1〜3）を設定する。
-vf filter_graph	ビデオフィルターを設定する。

表 C.5 ● オーディオオプション

オプション	解説
-aframes number	出力に対するオーディオフレーム数を設定する。
-aq quality	コーデック固有のオーディオ品質を設定する。
-ar rate	オーディオサンプリングレート（Hz）を設定する。
-ac channels	オーディオチャンネル数を設定する。
-an	オーディオを無効にする。
-acodec codec	オーディオコーデックを指定する。
-ab bitrate	オーディオビットレートを指定する。
-af filter_graph	オーディオフィルターを指定する。

表 C.6 ● サブタイトルオプション

オプション	説明
-s size	フレームサイズを指定する。
-sn	サブタイトルを無効にする。
-canvas_size size	キャンバスサイズを設定する。

付録 D　参考リソース

- Python のライブラリー

  https://docs.python.org/ja/3/library/
- MIDI 規格

  https://amei.or.jp/midistandardcommittee/MIDI1.0.pdf
- pygame midi

  https://www.pygame.org/docs/ref/midi.html
- MIDO

  https://mido.readthedocs.io/en/stable/

  https://readthedocs.org/projects/mido/downloads/pdf/latest/
- PyAudio

  https://people.csail.mit.edu/hubert/pyaudio/docs/
- FFmpeg

  https://ffmpeg.org/

索引

■著者プロフィール

日向 俊二（ひゅうが・しゅんじ）

フリーのソフトウェアエンジニア・ライター。

前世紀の中ごろにこの世に出現し、FORTRAN や C、BASIC でプログラミングを始め、その後、主にプログラミング言語とプログラミング分野での著作、翻訳、監修などを精力的に行う。

わかりやすい解説が好評で、現在までに、C#、C/C++、Java、Visual Basic、XML、アセンブラ、コンピュータサイエンス、暗号などに関する著書・訳書多数。

Python サウンド・オーディオプログラミング
MIDI と WAVE サウンドのプログラミング

2023 年 11 月 10 日 初版第 1 刷発行

著 者	日向 俊二
発行人	石塚 勝敏
発 行	株式会社カットシステム
	〒 169-0073 東京都新宿区百人町 4-9-7 新宿ユーエストビル 8F
	TEL (03)5348-3850　　FAX (03)5348-3851
	URL https://www.cutt.co.jp/
	振替 00130-6-17174
印 刷	三美印刷株式会社

本書に関するご意見、ご質問は小社出版部宛まで文書か、sales@cutt.co.jp 宛に e-mail でお送りください。電話によるお問い合わせはご遠慮ください。また、本書の内容を超えるご質問にはお答えできませんので、あらかじめご了承ください。

Cover design Y.Yamaguchi　　© 2023 日向俊二
Printed in Japan　　ISBN978-4-87783-545-3